AMÓS
Um clamor pela justiça social

Hernandes Dias Lopes

AMÓS
Um clamor pela justiça social

© 2007 por Hernandes Dias Lopes

Revisão
Regina Aranha
João Guimarães

Capa
Souto Design

Adaptação gráfica
Atis Design

1ª edição - Março de 2007
Reimpressão - Outubro de 2008
Reimpressão - Junho de 2011
Reimpressão - Julho de 2013
Reimpressão - Abril de 2018
Reimpressão - Agosto de 2019

Gerente editorial
Juan Carlos Martinez

Coordenador de produção
Mauro W. Terrengui

Impressão e acabamento
Imprensa da Fé

Todos os direitos desta edição reservados para:
Editora Hagnos
Av. Jacinto Júlio, 27
04815-160- São Paulo - SP - Tel (11)5668-5668
hagnos@hagnos.com.br - www.hagnos.com.br

Dados Internacionais de Catalogação na Publicação (CIP)
(Câmara Brasileira do Livro, SP, Brasil)

Lopes, Hernandes Dias -
Amós: um clamor pela justiça social; Hernandes Dias Lopes - São Paulo, SP: Hagnos 2007. (Comentários expositivos Hagnos)

ISBN 978-85-7742-006-3

1. Amós (Profeta bíblico) 2. Bíblia A.T. Amós - Comentários 3. Justiça social - Ensino bíblico I. Título II. Série

07-0326   CDD-224.807

Índices para catálogo sistemático:
1. Amós: Livros proféticos: Bíblia: Comentários 224.807

Editora associada à:

Dedicatória

DEDICO ESTE LIVRO AO presbítero Hermes Peyneau e sua esposa Marisa, casal amigo, hospitaleiro, companheiro na jornada da vida cristã, bênção de Deus na minha vida, família, e ministério.

Sumário

Prefácio

Introdução

1. O homem, seu tempo e sua mensagem — 15
   (Am 1.1)

2. O juízo de Deus sobre as nações — 35
   (Am 1.3 – 2.1-3)

3. O juízo de Deus contra Seu próprio povo — 55
   (Am 2.4-16)

4. O rugido do leão — 73
   (Am 3.1-15)

5. O povo diante do tribunal de Deus — 89
   (Am 4.1-13)

6. O profeta chora no funeral da nação — 107
   (Am 5.1-13)

7. Quando a religião perde o seu poder — 125
   (Am 5.14-27)

8. As loucuras de uma nação rendida ao pecado — 141
   (Am 6.1-14)

9. A luta do profeta com Deus e com os homens — 159
   (Am 7.1-17)

10. O colapso de uma nação — 179
    (Am 8.1-14)

11. A disciplina e a restauração do povo de Deus — 201
    (Am 9.1-15)

Prefácio

SINTO-ME EXTREMAMENTE lisonjeado em apresentar mais esta extraordinária obra do Rev. Hernandes Dias Lopes, amado irmão e colega de ministério. Conheço o pastor Hernandes Dias Lopes há 30 anos, ele é um pastor eficiente, amoroso, cuidadoso, e um escritor consagrado, cuja produção tem-se marcado pelo profundo e sério conteúdo, bem como pelo modo claro de transmitir as verdades insofismáveis, inquestionáveis e vivas das Escrituras Sagradas.

O livro de Amós é uma mensagem eloqüente, atual e oportuna para a sociedade brasileira. Este livro ergue um grande clamor pela justiça social. Ele tira uma radiografia do presente ao analisar o passado distante de Israel nos tempos prósperos do rei Jeroboão II. A mensagem deste livro destampa os fossos onde se escondem os sentimentos, motivações e atitudes mais reprováveis que pulsam no peito do homem contemporâneo. Ao mesmo tempo, a mensagem do livro é um chamado de Deus ao arrependimento. A porta da graça está aberta. A chance da mudança é apresentada e o perdão oferecido.

A mensagem de Amós toca nos mais intrincados problemas da ordem política, social, econômica, moral e espiritual do seu tempo. Amós emboca a sua trombeta para denunciar os crimes de opressão e injustiça social das nações estrangeiras. Ele ataca com veemência a política externa governada pela ganância insaciável e pelo ódio desmesurado que despedaça os fracos e oprime os que não podem oferecer nenhuma resistência. Ele atinge com sua mensagem os endinheirados embriagados pela soberba, que viviam nababescamente, enquanto os pobres explorados por eles amargavam uma dolorosa realidade. Amós não poupa aqueles que se entregavam aos prazeres desregrados, tapando os ouvidos à voz da própria consciência. O profeta boiadeiro alerta para o fato de que, onde a voz da graça de Deus não é ouvida, a trombeta do juízo é tocada irremediavelmente.

Acredito firmemente que o livro que você tem em mãos o ajudará a examinar com mais exatidão o mundo a sua volta e a perscrutar o seu próprio coração. Este livro será um farol de Deus no seu caminho, um alerta do céu para sua vida e ao mesmo tempo um bálsamo para o seu coração. Leia-o com os olhos abertos para o mundo, com os ouvidos atentos aos clamores dos oprimidos e com o coração aberto à voz de Deus que emana das Escrituras.

Ceny Tavares
Pastor of Reformed Church in America
Toronto, Canadá

Introdução

Estamos atordoados pela avassaladora crise moral que se abateu sobre a nação brasileira. Houve e ainda há uma inquietação perturbadora nos corredores do poder. Alguns de nossos representantes políticos estão num profundo atoleiro moral, num charco de lama. Nosso parlamento viveu dias tenebrosos, nossas instituições ficaram abaladas, nossa credibilidade moral cambaleante. As investigações das comissões parlamentares de inquérito descobriram abismos escuros, fossos profundos e esquemas de corrupção criminosos. A ganância insaciável, o despudor moral e o senso de impunidade produziram um esquema de corrupção vergonhoso, nunca antes visto em nossa nação.

O dinheiro que deveria socorrer os aflitos, construir escolas e hospitais e promover o desenvolvimento da nação foi desviado para paraísos fiscais e/ou para gordas contas bancárias de pessoas que se serviram do poder, ou nele se empoleiraram, para se enriquecerem de forma ilícita.

A crise, entretanto, é uma oportunidade de reflexão e de mudança de rumo. Nosso país está em crise, porque tem abandonado a Deus. O pecado é o opróbrio da nação. Temos colocado nossa confiança em homens, em vez de colocá-la no Deus vivo. A solução para a sua vida, sua família e nossa nação não está numa ideologia ou num partido político, mas em Deus. O secularismo prevalecente em nossa cultura está tentando empurrar Deus para a lateral da vida. O homem contemporâneo, besuntado de orgulho, risca Deus de sua vida para correr atrás de fontes rotas. Em todo lugar e em qualquer tempo que um povo abandone o Deus vivo e Sua Palavra, assina o atestado de seu próprio fracasso, pois longe de Deus a vida se barbariza, o homem se bestializa e a sociedade se corrompe. A maior e mais urgente necessidade de qualquer povo e nação é Deus. Contudo, apesar disso, temos abandonado a Deus, a fonte das águas vivas, para cavarmos as cisternas rachadas de uma religiosidade descomprometida, de um humanismo idolátrico e de uma ética sem absolutos. Temos corrido atrás do prazer do sexo, da ilusão do poder e da fascinação da riqueza, em vez de buscarmos a Deus.

Neste contexto conturbado, de injustiça social tão gritante, de escândalos tão ruidosos, da desesperança tão endêmica, o livro de Amós é uma trombeta de Deus que deve ser tocada no palácio, no parlamento e nos tribunais. A mensagem de Amós precisa ser pregada nas universidades, nos centros nevrálgicos da economia, nas ruas de comércio e nas praças de lazer, apinhadas de pessoas. A mensagem de Amós precisa ser ouvida dentro dos templos religiosos e no recesso da família. A mensagem de Amós é atual, é oportuna, é necessária, é esperançosa. Arrepender-se e viver; ou tapar os ouvidos à voz de Deus e morrer. O caminho da obediência conduz à bem-aventurança, mas o caminho da transgressão, ainda que aparentemente seguro e aplainado pelo luxo e pela riqueza conduzirá, inevitavelmente, ao fracasso. Israel embebedou-se com o sucesso, com a riqueza, com o luxo e fechou os ouvidos à voz dos profetas de Deus e marchou célere para o cativeiro. Por não se arrepender, foi quebrado repentinamente.

Amós denunciou os pecados de opressão e de injustiça social das nações ao redor de Israel, bem como os desmandos morais de seu povo. Ele denunciou a corrupção no palácio e nas altas cortes do judiciário. Ele diagnosticou os males que destruíram a nação nos centros econômicos da nação, nas mansões dos endinheirados, bem como nos templos religiosos. Ele pôs o dedo na ferida da nação e alertou para a necessidade urgente de arrependimento tanto nas praças de negócios quanto nos altares religiosos. O livro de Amós jamais ficará ultrapassado. É um texto antigo com uma mensagem contemporânea. Amós ainda ergue sua voz. Ele ainda está entre nós. Ouvir sua mensagem pode livrar-nos de grandes tragédias.

A mensagem de Amós também é cheia de esperança. Esse profeta ousado tem uma mensagem forte, mas um coração que se derrete em profunda compaixão e intercessão pelos impenitentes. Ele aponta uma rota de escape. Ele fala da graça que convida a todos para uma volta para Deus, em vez de uma entrega irrefletida à religiosidade sem doutrina e sem vida. Amós ainda nos alerta para que nos preparemos para o encontro com Deus.

A leitura deste livro trará luz para a sua mente, aquecerá seu coração e revolucionará a sua vida.

Capítulo 1

O homem, seu tempo e sua mensagem
(Am 1.1)

O LIVRO DE AMÓS É UM brado altissonante à Igreja contemporânea. Ele é um forte clamor à justiça social. Esse livro deve ser estudado nos parlamentos, nas casas de leis, nas salas dos governantes, nos tribunais, e, sobretudo, na igreja. Meu ardente desejo com este livro é que Amós volte a falar à Igreja.

J. A. Motyer, comentando sobre a importância desse livro, diz que a mensagem de Amós repreende nosso formalismo; oferece o lembrete salutar de que uma tradição da Igreja pode ter atravessado duzentos anos para se comprovar tão falsa atualmente, quanto o foi no princípio; ela insiste que a igreja, quando deixa de centralizar-se na

Palavra de Deus, enfrenta um perigo perpétuo; denuncia o pecado da auto-satisfação religiosa; descreve a religião que Deus abomina e exige que seja substituída por uma dependência da graça divina em fé e arrependimento, um compromisso com a lei de Deus em obediência, e uma preocupação incessante pelos homens necessitados. Sem isso, nada é mais eficiente do que a religião para nos separar do amor de Deus e nos cobrir com a sua ira.[1]

Amós inaugurou o ministério dos profetas canônicos. Seu livro é a mais antiga das profecias escritas que levam o nome do escritor.[2] R. B. Y. Scott diz que o grande dia da profecia hebraica começou com Amós.[3] Edward J. Young diz que é de consenso geral que esse livro é inteiramente da autoria de Amós.[4] Esse livro é um dos maiores tratados de justiça social de toda a literatura universal além de ser um encorpado manual de teologia. Revela de forma eloqüente a soberania de Deus na história das nações, bem como nos fenômenos naturais. Deus está assentado na sala de comando do universo e tem as rédeas da história humana em Suas mãos.

O homem Amós

O significado do nome Amós é provavelmente "aquele que carrega fardos" ou "carregador de fardos" (derivado do verbo *āmas,* "erguer um fardo, carregar").[5] O livro contém muitos fardos de julgamentos ou calamidades que o profeta transmitiu a Israel.[6] Amós não era procedente da classe rica e aristocrática, empoleirada no poder, mas oriundo das toscas montanhas de Tecoa, aldeia incrustada nas regiões mais altas da Judéia. A. R. Crabtree diz que Tecoa ficava nove quilômetros ao sul de Belém. Foi um dos lugares fortificados por Roboão para a proteção de Jerusalém

(2Cr 11.6). Com a elevação de 920 metros, servia de lugar para tocar trombeta, e assim transmitir sinais e anúncios ao povo (Jr 6.1).[7]

Amós era pastor de ovelhas e agricultor, homem de pele bronzeada, de caráter robusto, de voz retumbante, de profundo conhecimento da realidade do mundo ao seu redor. George Robinson, comentando sobre a pessoa de Amós, diz que "ele era severo, destemido, um homem granítico, que tinha mente ágil e imaginação viva".[8] Falando sobre seu estilo, Clyde Francisco afirma que a linguagem do livro de Amós tem o mais elevado estilo e é a mais pura do Antigo Testamento.[9]

Embora nunca tivesse desfrutado as vantagens de uma educação formal numa "escola de profetas", tinha absoluta convicção do seu chamado profético. Ao receber sua vocação da parte de Deus, deixou seu lar em Judá, como mero leigo, proclamando, na orgulhosa capital do Reino do Norte, uma mensagem hostil, sem qualquer autorização eclesiástica. Sem qualquer título oficial de profeta reconhecido, enfrentou os preconceitos do público em Efraim, sem desviar-se do seu propósito.[10] Seu senso de vocação lhe deu firmeza nas provas. Gerald Van Groningen apóia a tese de que Amós levou adiante a obra de Elias e de Eliseu, que ministraram em Israel por volta de 860-810 a.C.[11]

O tempo de Amós

Amós profetizou no período mais próspero dos reinos do Norte e do Sul. Em Judá, o rei Uzias fazia um longo governo de 52 anos, ou seja, de aproximadamente 790 até cerca de 740 a.C. e, em Israel, o reino do Norte, Jeroboão II, por 41 anos, fazia o mais extenso e o mais bem-sucedido governo de Israel, entre 793 a 753 a.C. Alex Motyer diz que as circunstâncias indicam que eles foram dois monarcas expansionistas e consolidadores.[12] Tanto os fatores externos quanto os internos favoreciam o estrondoso enriquecimento de Israel. Esse reino estava vivendo um tempo de paz nas fronteiras e de prosperidade interna. Em 805 a.C., Adade Nirari III da Assíria derrotou a Síria, o inimigo de Israel. Nesse mesmo tempo, a Assíria mergulhou em um período de inatividade do qual só saiu com a ascensão de Tiglate-Pilesar III, em 745 a.C. Sem ameaças internacionais, Jeroboão II, com seu engenho administrativo, restaurou as fronteiras salomônicas de seu reino pela primeira e única vez desde a morte de Salomão (2Rs 14.23-29). Com o controle das rotas comerciais, a riqueza começou a se acumular nas mãos dos magnatas do comércio.

O texto de Amós dá uma data precisa a sua missão de pregação em Betel: "[...] dois anos antes do terremoto" (1.1), isto é, aquele terremoto severo na época de Uzias, que, séculos mais tarde, ainda não fora esquecido (Zc 14.5). Stanley Ellisen comenta sobre esse terremoto nestes termos:

> O grande terremoto de Amós 1.1 foi evidentemente acompanhado de um eclipse solar, conforme está sugerido em Amós 8.8-10. Segundo os astrônomos, esse eclipse ocorreu em 15 de junho de 763 a.C. A profecia sobre Israel foi proferida dois anos antes, em 765 a.C., e escrita algum tempo depois do terremoto. Este foi tão violento que Zacarias se referiu a ele 270 anos mais tarde (Zc 14.5).[13]

A mensagem de Amós

Alex Motyer diz que a mensagem de Amós tem três pontos centrais. Primeiro, os privilégios implicam perigo (3.2), pois quanto maior a luz, maior o risco. O povo de Deus não fica isento do julgamento; segundo, a história passada não pode substituir o compromisso moral e espiritual presente; terceiro, a profissão e a prática religiosa são inválidas, se não forem seguidas de evidências claras.[14]

A profecia de Amós, também, é um exemplo da bondade de Deus para uma nação ímpia. Os israelitas do norte tinham rejeitado o pacto de Davi, mas, ao mesmo tempo, estavam confiantes de que, por serem escolhidos por Deus, nenhuma calamidade viria sobre eles. A vida deles era caracterizada por egoísmo, ganância, imoralidade e opressão dos pobres. Não havia justiça na terra. Para tal povo, Deus enviou Amós para adverti-los antes que a calamidade chegasse.[15] Gerald Van Groningen diz que antes que a nação de Israel, as dez tribos setentrionais, fosse levada ao exílio pelos assírios (722 a.C.), Deus enviou Amós e Oséias para adverti-lo e chamá-lo ao arrependimento e à obediência. Eles falaram do futuro julgamento sobre aqueles que quebraram e desprezaram o pacto que Deus havia feito com eles.[16] Dionísio Pape diz que, no tempo de Amós, a sociedade era entregue à vida de estonteante luxúria e grassava a mais devassa podridão entre os mais privilegiados.[17]

Gerald Van Groningen é claro em afirmar que Amós não se dirigiu pessoalmente a Jeroboão II. Nem há nenhum apelo direto ao rei para ouvir sua mensagem. Amós dirigiu-se ao povo que havia sido redimido do Egito (2.10; 3.11), cujos filhos se tornaram profetas e nazireus (2.11,12). Dirigiu uma palavra forte às mães e às matronas que exigiam o melhor dos alimentos e mobiliário, com sacrifício dos pobres (4.1). De modo semelhante, fala aos pais que levavam seus filhos à flagrante idolatria (2.7b), aos fazendeiros (4.7-9; 5.16b,17), aos soldados (5.3), aos juízes (5.7), aos homens de negócios (5.11; 8.4-6), aos adoradores (5.21-23), aos líderes de Samaria (6.1-7), a Amazias, ao sacerdote em Betel (7.14-17), aos homens e às mulheres jovens (8.13). A última interpelação direta é a todo o povo de Deus (9.7).[18]

Amós faz uma radiografia da sociedade israelita, uma diagnose da nação. Ele põe o dedo na ferida e brada com sua retumbante voz denunciando os pecados do povo de Israel, bem como das nações vizinhas. As nações circunvizinhas, uma a uma, são chamadas à barra do tribunal de Deus para responderem por suas atrocidades na guerra. Mas Israel é chamado a prestar contas das atrocidades do tempo de paz, que não são menos terríveis, e que são constantes, em vez de ocasionais. A exploração do pobre e a libertinagem no culto foram pecados cometidos apesar da luz que lhe fora dada. O Deus justo não pode ser enganado. Os homens não podem abafar o clamor dos oprimidos com o barulho dos hinos, nem comprar a Deus com ofertas cada vez mais volumosas (5.21-24).[19]

R. B. Y. Scott, falando sobre a relevância dos profetas, diz que eles são contemporâneos de cada geração, porque a verdade que declaram é permanentemente válida. O que dizem tem a qualidade intemporal e o poder constrangedor da afirmação espiritual autêntica. Eles eram preocupados com as condições sociais e as questões públicas, como evidências de uma crise espiritual. Eles não falam de pecado e de arrependimento em termos gerais, mas são específicos e perturbadores em suas denúncias.[20]

Scott diz que os profetas não falam de nossa época, mas a ela, porque a Palavra de Deus está em sua boca. Eles sentem o urgente sentido da História, como esfera das decisões morais do homem e da distintiva ação de Deus.[21] Por uma questão pedagógica, examinaremos a profecia de Amós, contextualizando-a.

A situação política

Com a divisão do Reino Unido, as dez tribos que formaram o Reino de Israel afastaram-se da Lei de Deus. Durante 209 anos, Israel teve dezenove reis dentre oito dinastias, e nenhum desses reis andou com Deus. Jeroboão I, por mera estratégia política, construiu novos templos e nomeou novos sacerdotes em Betel, no Sul, e em Dã, no norte, a fim de que seus súditos não precisassem subir ao templo de Jerusalém. Esse rei deturpou a religião e a transformou num instrumento político para alcançar seus propósitos. Todos os demais reis que o sucederam andaram nesse mesmo caminho.

Merril F. Unger descreve esse episódio assim:

> A fim de firmar sua posição política logo depois de sua ascensão ao trono, o novo rei deu alguns passos com o objetivo de desviar os seus súditos da fé e da adoração de seus pais. Ele temia que os piedosos israelitas, fazendo peregrinações costumeiras ao templo de Jerusalém, se voltassem para o Reino do Sul, não só quanto aos assuntos religiosos, mas também quanto aos negócios políticos (1Rs 12.27). Por isso, construiu dois santuários ao Senhor – um em Betel, na parte sul do Reino, e outro no extremo norte, em Dã. Para fazer a adoração mais atraente nos santuários que ele construiu em Betel e em Dã, Jeroboão I introduziu uma audaciosa e perigosa inovação. Ele "[...] fez dois bezerros de ouro; e disse ao povo: Basta de subires a Jerusalém; eis aqui teus deuses, ó Israel, que te fizeram subir da terra do Egito! E pôs um em Betel, e o outro em Dã" (2Rs 12.28,29).[22]

Stanley Ellisen, comentando o contexto político da época diz que, na esfera internacional, de 800 a 745 a.C., o Crescente Fértil desfrutou uma relativa paz. Durante esse período, o Egito mostrou-se um tanto fraco, e a Assíria só começou a entrar no Ocidente em 745 a.C., sob o reinado de Tiglate-Pileser III. Na esfera nacional, os reinos de Israel e Judá tinham lutado entre si com violência. Todavia, sob Jeroboão II e Uzias, os dois reinos não entraram em guerra e conheceram um período de grande prosperidade e expansão. Além de ocupar Damasco, Jeroboão II colocou sob tributo a maioria das nações circunvizinhas. Foi um período conhecido como "idade de ouro" para ambos os reinos, que viviam "sossegados em Sião" (Am 6.1). A idéia de julgamento, ou de colapso nacional, estava longe do pensamento de todos. Ninguém suspeitava que, dentro de dez anos, desordens políticas e assassínios estremeceriam o país, arremessando-o de encontro à destruição.[23]

Não obstante, o governo de Jeroboão II usufruir de paz nas fronteiras e prosperidade interna, a riqueza sem Deus se tornou um laço, e a nação se corrompeu como seus líderes e marchou a largos passos para uma decadência irreversível.

A situação econômica

Alex Motyer, comentando sobre a situação econômica de Israel, disse que os ricos eram suficientemente ricos para possuírem diversas casas (3.15), para se interessarem por imóveis ostensivamente caros (6.4) e para não se privarem de qualquer satisfação física (3.12; 4.1; 6.6). De outro lado, os pobres eram realmente pobres e desavergonhadamente explorados: eles sofriam extorsões imobiliárias (2.6,7), extorsões legais (5.10,12) e extorsões comerciais (8.5). O dinheiro e a ganância governavam tudo: os homens viviam para seus negócios (8.5), as mulheres para o prazer (4.1) e os governantes, para a frivolidade (6.1-6).[24]

A riqueza era exorbitante, mas estava concentrada nas mãos de poucos. Os pobres eram injustiçados. A impiedade desemboca na perversão. Porque o povo afastou-se de Deus, corrompeu-se moralmente a ponto de oprimir cruelmente os pobres e subornar os tribunais de justiça. Crabtree diz que quando os israelitas usaram a riqueza adquirida por opressão e violência para subornar as instituições incumbidas de defender os direitos dos fracos contra a injustiça dos ricos e poderosos, a dignidade e o valor do homem justo foram reduzidos ao preço de um par de sandálias.[25] A prosperidade econômica e a estabilidade política levaram à degeneração espiritual de Israel. Essa degeneração espiritual tomava a forma de injustiça social. Os ricos exploravam os pobres, e os poderosos dominavam os fracos.[26]

Muitos se enriqueceram por meio da violência e rapina; pela opressão dos pobres e necessitados (3.10). Credores sem remorso vendiam os pobres como escravos (2.6-8). Usavam balanças enganosas e vendiam aos pobres o refugo do trigo por um peso menor, mas por um preço maior. Os juízes aceitavam dinheiro dos ricos para tomarem decisões injustas nas contendas legais contra os pobres (5.12). As mulheres se mostravam tão duras e tão gananciosas e cruéis quanto os homens. Exigiam dos maridos que oprimissem os pobres e os necessitados para adquirirem os meios de satisfazer a sua vontade (4.1).

Não havia restrição para a prática da injustiça (8.5). Desprezavam os mais nobres sentimentos humanos (2.8). Não toleravam ser repreendidos (5.10). Na busca insaciável da riqueza, os ricos se mostravam insensíveis à ruína do país (6.6). Ufanavam-se de seu poder e autoridade e ficavam sossegados sem pensar na possibilidade do julgamento vindouro (6.1,13). Mostravam-se maduros para o castigo da justiça divina (8.1-3).

A situação moral

Nenhum profeta clamou contra a injustiça com mais eloqüência do que Amós. Ritual sem justiça não é religião divina, mas um perigoso desvio do caráter. Qualquer nação que violar os conceitos morais e sociais divinos e entregar-se à exploração do pobre está fadada à destruição prematura (1.5,8,10,12,15; 2.3,5,14-16).[27] Israel corrompeu-se em extremo. Os sacerdotes adulteravam dentro do templo. As mulheres viviam de forma fútil, em festas e bebedeiras. Os juízes amordaçavam a voz da consciência e vendiam sentenças para arrebatar o direito dos justos. Os ricos viviam nababescamente, dormindo em camas de marfim, bebendo vinhos caros ao som de música, tramando em seus leitos planos para saquearem os pobres, enquanto estes lutavam desesperadamente para sobreviver.

A situação espiritual

Stanley Ellisen diz que, no tempo de Amós, o sistema de adoração do bezerro de ouro em Betel, instituído no reino de Israel, já durava 170 anos. Embora a adoração de Baal tivesse sido expurgada da terra por Jeú, em 841 a.C., a adoração do bezerro continuava por óbvias razões políticas. Moralmente, a nação estava corrompida. Profetas e sacerdotes viviam a serviço de seus próprios interesses. Em tudo, com exceção do nome, a nação era pagã.[28]

Amós retrata de maneira contundente a decadência da religião em Israel. Ela não podia ser indiferente à moral nem equacionada com os atos formais de culto, que se destinavam a dar-lhe expressão. O objetivo da religião não era a simples satisfação do adorador, mas o estabelecimento de uma estrutura de vida e de relações corretas com Deus, como também entre os membros da comunidade, e nessas relações e estrutura devem estar Deus.²⁹ Havia muitas celebrações e abundante música, mas aquela pomposa liturgia não agradava a Deus. Eles iam ao templo apenas para multiplicarem seus pecados. Eles cumpriam seus rituais porque gostavam disso. Eram hedonistas e narcisistas. O templo, em vez de ser um lugar de adoração e da proclamação da Palavra, era um palanque de bajulação ao rei, uma plataforma que servia aos interesses políticos vigentes. O povo de Israel pensou que Deus pudesse ser subornado e comprado com rituais e chegou a acreditar que Deus estava do lado deles mesmo na prática dos pecados mais execrandos.

Crabtree diz que Israel, no período de Amós, era muito religioso. No entanto, sua religiosidade separada da verdade foi uma indicação do fracasso de sua fé. O povo se ufanava de seus cultos elaborados, de suas ofertas, dízimos e sacrifícios que apresentava assiduamente ao seu Deus; e especialmente das festas suntuosas que celebrava em nome do Senhor. Israel estava equivocado acerca do caráter de Deus. Eles pensavam que o Senhor, enquanto recebia ofertas e adoração do Seu povo, não se incomodava pela vida que levavam. A maravilhosa prosperidade era para eles, prova cabal das bênçãos e dos favores de seu Deus. O povo chegou a desejar, até mesmo naquele estado de apostasia, o dia do Senhor.³⁰

A divisão do livro de Amós

Warren Wiersbe diz que o livro de Amós contém oito *acusações* contra as nações (1–2), três *mensagens* sobre os pecados de Israel (3–6) e cinco *visões* sobre o futuro julgamento (7–9). O livro termina com a promessa de restauração para o povo de Deus (9.11-15).³¹

A organização do livro de Amós é simples e clara. Seguindo a mesma linha de Wiersbe, Jalmar Bowden e Crabtree afirmam que o livro tem três divisões principais.[32]

A primeira divisão abrange os capítulos um e dois. Amós denuncia as nações vizinhas de Israel, não por causa de injustiças cometidas contra o povo escolhido de Deus, mas por causa dos crimes praticados, umas contra as outras, na violação de leis humanitárias. Amós condena de forma firme a crueldade das nações contra os outros povos na guerra, como a violação de alianças e a escravização dos conquistados, e outras formas de perversidade. Amós ganhou a atenção de Israel ao começar sua profecia de fora para dentro, revelando a condenação justa de Deus contra os pecados de Damasco, Filístia, Tiro, Edom, Amom, Moabe e Judá até chegar em Israel.

A segunda divisão abrange os capítulos três a seis, contendo uma série de discursos e oráculos do Senhor. Três dos oráculos são introduzidos pela expressão: "Ouvi esta palavra..." (3.1; 4.1; 5.1). Essa segunda divisão da obra trata de vários assuntos, sempre acentuando o pecado e a culpa de Israel. Os argumentos geralmente terminam com a ameaça de castigo, introduzida pela palavra *Portanto* (3.11; 4.12; 5.11).

A terceira divisão abrange os capítulos 7 a 9.10. Aqui Amós apresenta uma série de visões que apontam a infidelidade e a destruição nacional de Israel. As visões reforçam, em linguagem simbólica, os argumentos dos discursos. Segundo as primeiras duas visões, a destruição de Israel foi evitada pela intercessão de Amós a favor do povo. A visão do prumo demonstra a perversidade nacional que merece a destruição completa. O cesto de frutos de verão significa que Israel está bem maduro para o desastre. O profeta contempla finalmente a destruição dos israelitas reunidos no templo para o culto.

A conclusão está no capítulo 9.11-15, em que se promete a restauração do tabernáculo caído de Davi, e a renovação da felicidade do povo fiel na sua terra sob a proteção do Senhor.

A teologia de Amós

O profeta Amós demonstra uma profunda convicção de que Deus governa não apenas Seu povo, mas, também, as nações. Por conseguinte, a religião verdadeira não pode ser separada das circunstâncias da história e da vida social.

A. R. Crabtree destaca alguns pontos relevantes da teologia de Amós, como as seguintes:[33]

Em primeiro lugar, *seu conceito de Deus*. Num tempo em que os adoradores iam a Betel e adoravam um bezerro de ouro, Amós se levanta para pregar a majestade do único Deus vivo como Criador e controlador (4.13; 9.5,6), Aquele que põe em movimento os céus e o mar (5.8,9). Amós destaca alguns aspectos fundamentais acerca de Deus:

Primeiro, ele apresenta Deus como o Senhor da História. A. R. Crabtree corretamente afirma que o Senhor em Suas atividades na História não é limitado pela escolha de Israel. Se o Senhor trouxe Israel do Egito, trouxe também os filisteus de Caftor e os sírios de Quir. Todos os povos estão sujeitos aos Seus planos e propósitos.[34]

Segundo, ele apresenta Deus como o Senhor da natureza física. Todas as forças misteriosas, como os terremotos, as pestilências e as calamidades, como a seca e a fome, são manifestações da intervenção do Senhor (4.6-12; 7.1-3).

Terceiro, ele apresenta o Senhor como o Deus da Justiça. Este é o atributo de Deus mais destacado por Amós. O povo de Israel estava cometendo ignominiosa injustiça contra os pobres, e ainda pensando que Deus estava do lado deles, simplesmente por estarem mantendo uma religião cheia de rituais pomposos. A. R. Crabtree, acertadamente, diz que as riquezas que possuíam eram prova de sua iniqüidade, e não do favor divino. Seus cultos religiosos eram uma abominação para o Senhor, porque foram oferecidos para comprar o favor divino e a participação do Senhor em suas injustiças.[35]

Em segundo lugar, *seu conceito da eleição divina.* Israel tinha um conceito equivocado de Deus e da eleição. Eles pensavam em Deus como uma divindade tribal; e na eleição como um privilégio para viverem no pecado. Os israelitas esqueceram-se de que Deus é o Senhor de toda a terra e que foram eleitos para um serviço especial, e não somente para usufruir privilégios e bênçãos especiais (3.2). Também eles ligaram ao seu entendimento da eleição sua esperança fervorosa da vinda do dia do Senhor, quando teriam vitória esmagadora sobre todos os inimigos. Mas o mensageiro de Deus abalou seus ouvintes com sua explicação do sentido do Dia do Senhor: "Ai de vós que desejais o dia do Senhor! Para que quereis vós este dia do Senhor? Ele é trevas e não luz" (5.18).

Em terceiro lugar, *seu conceito do culto e da vida religiosa.* Israel tinha um grande interesse pelos rituais religiosos e um profundo desprezo pela prática da justiça (4.4,5; 5.21-23; 8.14). O culto sem vida e sem a prática da justiça é vão. Aqueles que moravam em casas de luxo e praticavam os pecados de injustiça, luxúria, avareza, corrupção, embriaguez, imoralidade e hipocrisia insultavam o Senhor da justiça com a sua religiosidade (6.4-7). O culto precisa ser teocêntrico (5.4,5) e desembocar na prática da justiça (5.24).

Em quarto lugar, *seu conceito sobre o pecado*. A. R. Crabtree diz que, no conceito de Amós, o pecado era a rebelião contra a bondade do Senhor. Deus redimiu a Israel, deu-lhe o concerto de amor não merecido com a Terra Prometida, como também levantou entre o povo profetas e nazireus para ensiná-lo e guiá-lo no caminho da fidelidade e justiça (2.9-11). Mas Israel, levado pelo egoísmo e pela avareza, rebelou-se contra a bondade de Deus e oprimiu os fracos. Israel desceu a tal ponto em sua corrupção que perverteu o culto no esforço de enganar a Deus.[36]

Em quinto lugar, *seu conceito da renovação da vida*. A vida está em Deus, e a única maneira de restaurá-la é voltando-se para Ele (5.14,15). Antes da relação com os homens ser corrigida é necessário corrigir a relação com Deus. A prática da justiça depende do conhecimento pessoal de Deus, e da comunhão com Ele (5.6). É impossível buscar a Deus sem reconhecer a necessidade imperiosa de praticar a justiça em todas as relações humanas, diz Crabtree.[37]

O método e as credenciais de Deus (1.1,2)

James Wolfendale, comentando os primeiros dois versículos de Amós capítulo 1, faz quatro afirmações oportunas sobre o método de Deus e suas credenciais.[38]

Em primeiro lugar, *a Palavra de Deus geralmente vem sobre homens de humilde nascimento* (1.1). Amós não era um estudante de teologia numa escola de profetas, mas um simples pastor e colhedor de sicômoros (1.1). Deus escolhe as coisas tolas do mundo para confundir as sábias. Que Deus continue humilhando os poderosos e exaltando os humildes. Deus conhece o homem certo, no tempo certo, para o lugar certo.

Em segundo lugar, *o chamado de Deus toma homens de humilde condição e os coloca nas mais altas esferas da vida* (1.1). Um humilde pastor foi enviado a advertir os reis de Israel. Um homem interiorano foi enviado para advertir as mais altas rodas sociais de Israel. Amós interfere na política internacional e denuncia o pecado nos palácios de reis estrangeiros bem como na injustiça desabrida de sua própria nação.

Em terceiro lugar, *o chamado de Deus geralmente vem aos homens em tempos especiais* (1.1). O tempo em que Amós profetizou pode ser conhecido por alguns aspectos:

Primeiro, foi um tempo de prosperidade material. Os reis Uzias e Jeroboão II foram muito prósperos financeiramente. Sobretudo, o reino de Israel havia alcançado nesse tempo seu apogeu econômico.[39]

Segundo, foi um tempo de corrupção moral. Prosperidade material não é garantia da aprovação de Deus nem evidência de religião pura. A idolatria havia sido sancionada pelo Estado e misturada à própria adoração. Os pobres estavam sendo oprimidos (2.7,8; 3.9). A justiça estava sendo pervertida (2.7; 5.7). A corrupção estava presente desde o palácio até o santuário.

Terceiro, foi um tempo de grande abalo sísmico. Um terremoto de grandes proporções havia sacudido a terra antes da contundente mensagem de Amós abalar a nação.

Em quarto lugar, *o chamado que vem de Deus é geralmente um chamado para entregar uma dramática mensagem* (1.2). Muitos profetas estavam prontos a entregar mensagens agradáveis aos ouvidos, mas Amós entrega uma mensagem de juízo. Essa mensagem tem quatro pontos:

Primeiro, o julgamento é pleno de autoridade em sua origem. Ele vem de Sião, e não do templo idólatra de Betel. Sião era o centro da adoração do Deus vivo, de onde emanava a verdade de Deus. J. A. Motyer diz que aqui há mais do que uma repreensão implícita às tribos do norte por causa de seu cisma (1Rs 12.16). Amós descreve Iavé como Aquele que fala do lugar que escolheu para colocar Seu altar: a expressão visível da ira e da misericórdia que, juntas, definem Sua natureza santa. Era o lugar da ira, pois ali se pagava o preço do pecado com a morte; era o lugar da misericórdia, pois ali o pecador encontrava o bálsamo do perdão e da expiação divina.[40]

Segundo, o julgamento é como um alto rugido em sua natureza. O Senhor rugirá contra a nação pecaminosa. Sua voz precisa ser ouvida e sua mensagem demanda total atenção. Como o leão, Deus ruge antes de despedaçar; Ele adverte antes de aplicar Seu juízo. Jalmar Bowden diz que os homens podem esquecer de Deus por algum tempo, mas Ele é tão poderoso que se impôs e chegará o dia em que tem de ser ouvido, quer queiram ouvi-Lo, quer não.[41]

Terceiro, o julgamento é específico em seu desígnio. A profecia é a respeito de Israel (1.1). Muito embora a mensagem de Amós troveje aos ouvidos de outras nações, a trombeta está embocada para Israel.

Quarto, o julgamento é terrível em suas conseqüências. Os prados dos pastores estarão de luto, e secará o cume do Carmelo (1.2). Tanto a terra quanto os habitantes sofrerão as conseqüências desse juízo divino. Crabtree diz que a palavra *Carmelo* significa jardim ou vinha e refere-se ao outeiro que se estende dos outeiros de Samaria até o mar Mediterrâneo. O cume do Carmelo eleva-se 170 metros acima do porto de Haifa. O monte inteiro é de 24 quilômetros de comprimento e, em alguns lugares, tem a altura de 560 metros. É um dos lugares mais bonitos e mais férteis da Palestina, mas suas oliveiras e outras árvores frutíferas estão destinadas a murchar.[42]

Notas do capítulo 1

[1] Motyer, J. A. *O dia do leão*. ABU Editora. São Paulo, SP. 1984, p. x.
[2] Crabtree, A. R. *O livro de Amós*. Casa Publicadora Batista. Rio de Janeiro, RJ. 1960, p. 9.
[3] Scott, R. B. Y. *Os profetas de Israel – Nossos Contemporâneos*. Aste. São Paulo, SP. 1960, p. 78.
[4] Young, Edward J. *An introduction to the Old Testament*. Eerdmans Publishing Company. Grand Rapids, Michigan 1953, p. 250.
[5] Archer, Jr., Gleason L. *Merece confiança o Antigo Testamento*. Edições Vida Nova. São Paulo, SP. 1974, p. 356.
[6] Ellisen, Stanley A. *Conheça melhor o Antigo Testamento*. Editora Vida. Florida. 1991, p. 286.
[7] Crabtree, A. R.. *O livro de Amós*, p. 10.
[8] Robinson, George L. *The twelve minor prophets*. Baker. Grand Rapids, Michigan. 1960, p. 47.
[9] Francisco, Clyde T. *Introdução ao Velho Testamento*. Juerp. Rio de Janeiro, RJ. 1979, p. 128.
[10] Archer Jr., Gleason L. *Merece confiança o Antigo Testamento*, p. 358.
[11] Groningen, Gerald Van. *Revelação messiânica no Velho Testamento*. Campinas, SP: LPC, 1995, p. 426.
[12] Motyer, J. A. *O dia do leão*, p. 2.
[13] Ellisen, Stanley A. *Conheça melhor o Antigo Testamento*, p. 287. Clyde T. Francisco. *Introdução ao Velho Testamento*, p. 128.
[14] Motyer, J. A. *O dia do leão*, p. 3,4.

15 YOUNG, Edward J. *An introduction to the Old Testament,* p. 250,251.
16 GRONINGEN, Gerald Van. *Revelação messiânica no Velho Testamento* , p. 424.
17 PAPE, Dionísio. *Justiça e esperança para hoje.* ABU. São Paulo, SP. 1983, p. 34,35.
18 GRONINGEN, Gerald Van. *Revelação messiânica no Velho Testamento,* p. 426.
19 SCOTT, R. B. Y. *Os profetas de Israel – Nossos Contemporâneos,* p. 79.
20 SCOTT, R. B. Y. *Os profetas de Israel – Nossos Contemporâneos,* p. 25,26.
21 SCOTT, R. B. Y. *Os profetas de Israel – Nossos Contemporâneos,* p. 201.
22 UNGER, Merril F. *Arqueologia do Velho Testamento.* Imprensa Batista Regular. São Paulo, SP. 1985, p. 119,120.
23 ELLISEN, Stanley A. *Conheça melhor o Antigo Testamento,* p. 288.
24 MOTYER, J. A. *O dia do leão,* p. 1.
25 CRABTREE, R. A. *O livro de Amós,* p. 12.
26 ARNOLD, Bill T. e BEYER, Bryan E.. *Descobrindo o Antigo Testamento.* Editora Cultura Cristã. São Paulo, SP. 2001, p. 445.
27 ELLISEN, Stanley A. *Conheça melhor o Antigo Testamento,* p. 290.
28 ELLISEN, Stanley A. *Conheça melhor o Antigo Testamento,* p. 288.
29 SCOTT, R. B. Y. *Os profetas de Israel – Nossos Contemporâneos,* p. 203.
30 CRABTREE, R. A. *O livro de Amós,* p. 25,26.
31 WIERSBE, Warren W. *With the Word.* Thomas Nelson Publishers. Nashville, TN. 1991, p. 582.
32 BOWDEN, Jalmar. *Comentário ao livro de Amós.* Imprensa Metodista. São Paulo, SP. 1937, p. 24; CRABTREE, R. A. *O livro de Amós,* p. 30-32.
33 CRABTREE, R. A. *O livro de Amós,* p. 34-45.
34 CRABTREE, R. A. *O livro de Amós,* p. 36.
35 CRABTREE, R. A. *O livro de Amós,* p. 37.
36 CRABTREE, R. A. *O livro de Amós,* p. 42,43.
37 CRABTREE, R. A. *O livro de Amós,* p. 44.
38 WOLFENDALE, James. *The preacher's complete homiletic Commentary on the book of Amos.* Baker Books. Grand Rapids, Michigan 1996, p. 244-246.
39 SCHMOLLER, Otto. *Book of Amos. Lange's Commentary on the Holy Scripture. Vol. 7.* Zondervan. Grand Rapids, Michigan. 1980, p. 4.
40 MOTYER, J. A. *O dia do leão,* p. 15,16.
41 BOWDEN, Jalmar. *Comentário ao livro de Amós,* p. 33.
42 CRABTREE, R. A. *O livro de Amós,* p. 50,51.

Capítulo 2

O juízo de Deus sobre as nações
(Am 1.3–2.1-3)

AMÓS DENUNCIA O PECADO DE seis nações gentílicas antes de pronunciar julgamento sobre Judá e Israel. Embora Deus não tenha dado a essas nações Sua Lei, elas tinham a lei interior da consciência (Rm 2.12-16) e, mediante essa lei, elas foram julgadas. O pecado de Judá e de Israel foi um pecado mais grave, pois pecaram contra a luz interior da consciência e também pecaram contra a Lei de Deus (2.4) e o amor de Deus (2.9-12).[43]

À guisa de introdução, destacamos alguns pontos relevantes para o entendimento do assunto:

Em primeiro lugar, *Amós anuncia que, em todos os casos, o julgamento é um ato de Deus.* O juízo enviado a essas nações não procede de Satanás, nem de uma iracunda divindade pagã nem mesmo de leis naturais, mas são sentenças promulgadas pelo próprio Deus (1.4,7,10,12; 2.2). Ele cria o mal (Is 45.7), o mal de eventos calamitosos contra os que agem contra a lei interior da consciência, bem como daqueles que violam Sua santa lei.

Em segundo lugar, *Amós anuncia que, em todos os casos, o pecado selecionado para julgamento é aquele cometido contra o povo de Deus.* Em cinco casos dos seis, o pecado foi cometido diretamente contra Israel, e o sexto foi cometido contra seus aliados (2.1-3). Deus tem zelo por Seu povo. Israel foi resgatado por Deus para ser Sua propriedade particular. Quem toca no Seu povo, toca na menina dos olhos de Deus. Perseguir a Igreja de Cristo é o mesmo que persegui-lo (At 9.4).

Em terceiro lugar, *Amós anuncia o juízo de Deus de fora para dentro.* Amós inicia sua profecia denunciando as nações gentílicas, inimigas históricas de Israel. Possivelmente, o profeta tenha ganhado os aplausos dos israelitas. Eles concordavam que essas nações mereciam receber a justa retribuição de Deus por seus graves pecados. Antes de aplaudirmos a justa retribuição divina dirigida aos ímpios, devemos examinar a nós mesmos, pois o juízo começa pela Casa de Deus, e conhecimento de Deus, longe de nos isentar do julgamento, nos responsabiliza ainda mais.

Em quarto lugar, *Amós anuncia o juízo de Deus às nações pagãs e depois àquelas que tinham parentesco com Israel.* As três primeiras nações sob julgamento eram completamente pagãs e totalmente estranhas às alianças da promessa, mas as outras três tinham certa ligação com Israel. Os edomitas eram descendentes de Esaú, irmão de Jacó. Os amonitas e moabitas eram descendentes de Ló, sobrinho de Abraão. Amós revela sabedoria em sua abordagem e sua pedagogia atrai a atenção de Israel. Amós está fechando o cerco e encurralando os israelitas antes de embocar a trombeta para Israel.

Em quinto lugar, *Amós anuncia o juízo de Deus pela transgressão da luz interior e depois pela transgressão da verdade revelada*. Deus julga as nações e não apenas o povo da aliança. Todos os povos estão debaixo do julgamento do Deus Todo-poderoso. Ele reina sobre todas as nações e todas elas terão de comparecer perante Ele em juízo. Damasco, Gaza, Tiro, Edom, Amom e Moabe serão julgados pelos seus crimes contra a humanidade, enquanto Judá e Israel serão punidos pelos pecados cometidos contra a bondade de Deus pela violação da sua santa lei.

J. A. Motyer afirma que nenhum indivíduo pode escapar de suas obrigações de ser humano, e mesmo aqueles que nunca receberam os preceitos vindos de Deus, falados ou escritos, ainda assim trazem marcas suficientemente fortes de seu Criador para não ficarem totalmente sem orientação moral. Há uma voz que fala dentro deles. Amós apresenta as nações vizinhas de Israel sob julgamento. Elas ficaram sem revelação especial, mas não sem responsabilidade moral; elas ficaram sem conhecimento direto de Deus, mas não sem responsabilidade para com Deus; elas ficaram sem a lei escrita em tábuas de pedra, mas não sem a lei escrita na consciência.[44]

Warren Wiersbe diz que se Deus julga o povo perdido por seus pecados, o que Ele fará com aqueles que proclamam conhecê-Lo? Privilégio traz responsabilidade (Lc 12.48), e onde há responsabilidade deve existir prestação de contas. O povo de Israel e de Judá regozijou-se quando ouviu Amós condenando seus vizinhos; mas depois ele voltou sua trombeta contra o povo escolhido de Deus e o condenou por seus pecados, o que eles não aceitaram.⁴⁵

Em sexto lugar, *Amós anuncia que o cálice da ira de Deus pode transbordar, e, depois, o juízo será inevitável.* A expressão "por três transgressões [...], por quatro, não retirarei o castigo", repetida oito vezes como um estribilho, revela altissonantemente que o pecado chega a ponto de transbordar o cálice da ira de Deus, e, depois, o juízo é inevitável. Nesta mesma linha de pensamento Charles Feinberg diz que a referida expressão significa que a medida da iniqüidade está cheia, e a ira deve cair sobre os maus. O castigo não pode ser sustado: é inevitável, é irrevogável.⁴⁶ O julgamento vem como resultado da perseverança no pecado. Pecado persistente desemboca em culpa cumulativa. Deus adverte a tendência para o pecado; Ele reprova o primeiro pecado; Ele emboca Sua trombeta e ameaça solenemente o segundo pecado; no terceiro pecado, Ele ergue Sua mão para condenar, mas, no quarto pecado, Ele derrama Seu juízo.⁴⁷ Thomas McComiskey, por sua vez, diz que essa citada expressão comum na literatura semítica (Jó 5.19; 33.29; Pv 6.16; 30.15-31; Ec 11.2; Mq 5.5,6) não deve ser sempre tomada literalmente. Algumas vezes, ela denota um número indefinido, como aqui.⁴⁸

J. A. Motyer, comentando sobre o pecado culminante dessas nações vizinhas de Israel, destaca que a transgressão que fez o cálice da ira de Deus transbordar não foi um pecado em relação a Deus, mas ao próximo: crueldade (1.3), comércio impiedoso de escravos (1.6), rompimento de promessas (1.9), ódio persistente (1.11), e, finalmente, atrocidades revoltantes contra os desamparados (1.12; 2.1).⁴⁹

Essas seis nações são colocadas sob exame. No caso das duas primeiras (1.3-8), há a prática de uma crueldade, onde são violados preceitos gerais da vida, de ser humano para com ser humano; o próximo par usa a palavra "irmãos" (1.9,11), mostrando a quebra de responsabilidades particulares da vida, de irmão para irmão; e o par final, há a agressão de pessoas desamparadas (1.13; 2.1): as mulheres grávidas e os mortos. O pecado cometido por todas essas nações é o pecado do egocentrismo. Assim, Amós denuncia a queda dos princípios básicos da conduta humana.

Em sétimo lugar, *Amós anuncia que o pecado sempre desemboca em grandes tragédias.* A conexão entre pecado humano e sofrimento humano é inevitável. Eles vêm juntos, moram juntos e morrerão juntos. O pecado gera a morte (Rm 5.12; Jó 4.7,8).[50] O pecado é maligníssimo. Ele é o maior de todos os males. Ele nos separa de Deus no tempo e na eternidade. Seu salário é a morte, sua recompensa é o fracasso e seu destino é o inferno. O pecado é uma fraude, ele promete prazer e paga com o desgosto. O pecado é um ledo engano, pois parece inofensivo, mas atrai a justa ira de Deus. Todas essas nações que pecaram contra Deus e contra o próximo sofreram a justa penalidade de seus pecados.

Em oitavo lugar, *Amós anuncia que, em todos os casos, o extremo da culpa implica o extremo do julgamento.* O julgamento é infligido pelo fogo, o mais destrutivo dos elementos. Na linguagem figurativa, o fogo é o principal agente de destruição (Is 4.4; 9.5). Na linguagem profética, também, o fogo é, ou simboliza, o agente que destrói a besta, o falso profeta e todos os ímpios (Dn 7,11; Ap 19.20; 20.15). Para os impenitentes, o fogo será sempre um elemento destruidor, e não purificador.[51]

Henrietta Mears, comentando sobre o justo juízo de Deus sobre as nações, afirma:

As nações do mundo, por mais poderosas que sejam, não podem suportar os juízos de Deus. Ele estabelece reinos e os derruba. O grande poder dos faraós foi reduzido a nada. Napoleão pensou que poderia dominar o mundo, mas definhou na Ilha de Santa Helena. O Kaiser pensou que podia agir independentemente de Deus e logo foi derrubado. Na Segunda Guerra Mundial houve governantes que pensaram poder eliminar o povo escolhido de Deus e firmar-se como os governantes da terra, mas os que tentam impedir os planos finais de Deus sempre são derrubados.[52]

O juízo de Deus sobre Damasco (1.3-5)

Destacamos dois pontos importantes para o nosso estudo.

Em primeiro lugar, *o pecado de Damasco* (1.3). O reino da Síria é aqui chamado pela sua capital. Damasco era uma cidade rica, com terras férteis e irrigadas por muitos canais, situada na rota do comércio internacional.

O pecado de Damasco foi trilhar Gileade com trilhos de ferro (1.3). Eles trataram as pessoas como coisas. J. A. Motyer diz que "trilhar" é o que o homem faz a uma coisa, ao grão colhido, a fim de extrair dele o lucro. Foi o que Hazael fez em Gileade. Ele tratou as pessoas como coisas.[53] Esse crime descrito por Amós foi profetizado por Eliseu (2Rs 8.12,13). Eliseu disse a Hazael: "Porque sei o mal que hás de fazer aos filhos de Israel; porás fogo às suas fortalezas, matarás à espada os seus mancebos, despedaçarás os seus pequeninos e fenderás as suas mulheres grávidas" (2Rs 8.12). Jalmar Bowden diz que naquela zona trilhavam o trigo com grandes pedaços de rocha ígnea, chamada basalto, que os árabes até hoje chamam de ferro, e assim moíam a palha em pedacinhos que o vento levava. Era a mais forte figura de crueldade que o profeta podia usar.[54]

Do pecado de Damasco contra Israel podemos tirar duas lições, diz Edgar Henry:[55]

Primeira, riqueza não previne avareza. Damasco era uma cidade opulenta e rica, mas a sede de poder e de riqueza não tem limites. Ela queria mais e, assim, invadiu Gileade e esmagou as pessoas para satisfazer sua sede de riqueza. Sobre os corpos dos cativos, prostrados no chão, os vencedores arrastaram instrumentos pesados de ferro, com dentes, usados para cortar palha e debulhar cereais, mutilando assim a carne convulsiva das vítimas.[56] A riqueza não humaniza os homens. Quanto mais ricos, mais truculentos; quanto mais fortes, mais opressores; quanto mais têm, mais desejam acumular. Foi quando Israel alcançou o apogeu da sua prosperidade que ele mais oprimiu os pobres. Ainda hoje vemos nações poderosas invadindo as mais fracas, saqueando seu povo, pilhando seus bens e infligindo a elas grande sofrimento.

Segunda, a força é uma tentação à violência. A cidade de Damasco tinha belos palácios, grandes monumentos, reconhecida projeção e destacado poder. Era uma cidade respeitada e temida pelos inimigos. Suas legiões metiam medo nos homens mais corajosos. Damasco usou sua força não para o bem, mas para o mal, para invadir, para atacar, para pilhar e para esmagar àqueles que não podiam fazer-lhes resistência.

Em segundo lugar, *o juízo sobre Damasco* (1.4,5). A atitude perversa e truculenta de Damasco na guerra contra Gileade não encontrou simpatia, permissão ou perdão do céu.[57] O juízo de Deus tornou-se irreversível. Há momentos em que a tragédia pode ser evitada. Há tempo de advertência e de paciente espera. Mas quando o homem abusa da paciência de Deus e continua no pecado, então não há mais remédio, ele deve colher o que merece.[58] Quem semeia violência colhe destruição. Dessa sentença divina podemos tirar alguns ensinamentos, diz Edgar Henry:[59]

Primeiro, o juízo de Deus cai sobre aquilo que a nação era mais proeminente (1.5). Quebrar o ferrolho de Damasco era abrir a cidade para a invasão dos inimigos. Era tornar a cidade indefesa e impotente ao ataque do adversário. Aquele que gloria na sua própria força é insensato, pois só Deus é onipotente.

Segundo, o juízo de Deus atinge o pecado nacional (1.5). O vale do Áven era o centro nacional da adoração do Sol. Deus abomina a idolatria. Ali havia orgias idólatras, em que homens e mulheres se entregavam à devassidão. O juízo sobre Biqueate-Áven foi maior do que às demais pessoas da Síria. As outras foram levadas cativas (1.6), mas aquela cidade foi destruída.

Terceiro, o juízo de Deus inclui a casa real (1.4). O rei era a cabeça da nação e a culpa nacional culminava nele. Não teria sentido o povo perecer e ele escapar. A destruição inescapável veio sobre o rei e sobre o povo. O fogo devorou desde o palácio até as choupanas.

Quarto, o juízo de Deus inclui a perda da nacionalidade (1.5). A Síria foi levada cativa. O invasor é invadido. O predador é pilhado. Meio século depois da profecia de Amós, Tiglate-Pileser, da Assíria, matou o rei Rezim e levou os sírios para o cativeiro em Quir, lugar de onde vieram originalmente (9.7). A palavra significa cativeiro nacional.[60]

O juízo de Deus sobre Gaza (1.6-8)

Destacamos novamente dois pontos:

Em primeiro lugar, *o pecado de Gaza* (1.6). A. R. Crabtree diz que desde o tempo de Samuel e de Saul até as vitórias de Davi, os filisteus eram rivais dos israelitas no esforço de tomar posse da terra de Canaã. A monarquia de Israel foi fundada principalmente para unir o povo na defesa contra os filisteus. Os filisteus vieram de Caftor, bem organizados e experimentados na guerra. Derrotados pelos egípcios, eles entraram no sul da Palestina com o propósito de subjugar os israelitas e tomar posse da terra.[61]

Gaza era a maior cidade dos filisteus e uma das capitais da Filístia. Era um grande centro de tráfico de escravos. Havia cinco cidades importantes nesse reino, quatro delas citadas por Amós: Gaza, Asdode, Ascalom e Ecrom. Apenas Gate não foi mencionada. Champlin diz que Gaza foi destacada por estar situada no ponto aonde a rota de caravanas vindas de Edom se unia à estrada principal que ficava entre o Egito e a Síria. Isso ajudava o comércio escravagista do qual os filisteus se ocupavam. Os cativos eram vendidos em leilões nos mercados de escravos em Edom. Dali eram conduzidos a outras partes do mundo (Jl 3.4-8).[62] Esse pecado de Gaza possivelmente aconteceu no tempo do rei Jeorão (2Cr 21.16; Jl 3.6).

O pecado de Gaza foi o amor ao lucro mais do que às pessoas. Eles traficavam vidas humanas para se enriquecerem. A. R. Crabtree diz que o tráfico de escravos foi muito comum nas civilizações antigas. Escravos construíram as pirâmides do Egito, e muitas outras obras das grandes nações. Os cativos de guerras foram escravizados para fazer tais obras.[63]

J. A. Motyer diz que passamos do campo de batalha para a sala da diretoria, do campo para o balcão.[64] Gaza era um grande centro comercial, onde as pessoas fervilhavam nas praças em busca do lucro. Na busca desenfreada da riqueza, eles também traficavam escravos. Amós diz que eles "[...] levaram cativo todo o povo para o entregarem a Edom" (1.6). Se Damasco tratou pessoas como coisas, Gaza valorizou mais as coisas do que as pessoas.

Edgar Henry diz que o crime dos filisteus contra Israel pode ser descrito como segue:[65]

Primeiro, foi um ato culminante de uma longa série de perversidades. Os filisteus sempre foram inimigos de Israel. Sempre espreitaram o povo de Deus. Buscavam oportunidade para invadir, saquear e tomar de assalto suas cidades e seus campos. Agora, eles não apenas roubam seus bens, mas levam pessoas cativas como escravas para vendê-las no mercado de Edom.

Segundo, foi um desumano comércio de escravos. Amós diz que eles levaram em cativeiro todo o povo, para o entregarem a Edom (1.6). A crueldade era gratuita, pois muitos cativos não ofereceram qualquer resistência aos filisteus. A crueldade foi sem sentido, pois muitos cativos não tinham valor no mercado de escravos. Eles demonstraram um ódio indiscriminado por todo o povo para eliminá-lo completamente.

Terceiro, foi um ato agravado por crueldade. Além de arrancar o povo de Israel da sua terra, eles os venderam e os entregaram a outro temido inimigo, os edomitas.

Em segundo lugar, *o juízo sobre a Filístia* (1.7,8). O pecado tem sua retribuição inevitável. A Filístia não escapou das consequências de sua crueldade. O seu feito caiu sobre a sua própria cabeça. O juízo divino sobre esse terrível inimigo de Israel pode ser descrito assim:

Primeiro, Deus destrói os muros e os palácios de Gaza. O fogo de Deus atinge os monumentos da principal capital da Filístia, deixando-a vulnerável ao ataque dos inimigos. O que eles pensavam ser a segurança da nação vira pó.

Segundo, Deus destrói todo o povo da Filístia. A Bíblia diz que o nosso Deus é fogo consumidor (Hb 12.29) e horrenda coisa é cair nas mãos do Deus vivo. Deus destrói os monumentos e também elimina as vidas. As quatro grandes cidades da Filístia foram destruídas, e a quinta, a cidade de Gate, também o foi como está implícito "[...] e o resto dos filisteus perecerá, diz o Senhor Deus" (1.8).

O juízo de Deus sobre Tiro (1.9,10)
Outra vez observaremos dois pontos:

Em primeiro lugar, *o pecado de Tiro* (1.9). Tiro era a capital da Fenícia. Era uma renomada e antiga cidade. Tiro era a maior, a mais rica, a mais orgulhosa e a mais luxuriosa, talvez, de todas as cidades da sua época. Dionísio Pape diz que Tiro era uma cidade cosmopolita, rainha do Mediterrâneo, e rival de Samaria quanto à vida luxuosa.[66] A cidade de Tiro era o grande centro comercial do mundo antigo. No capítulo 28 de Ezequiel, o profeta descreve o comércio de Tiro que enriqueceu o povo, e desenvolveu nele o espírito de orgulho que quis até usurpar o trono de Deus.[67]

A principal transgressão de Tiro é que aquele povo, que formava um dos principais centros comerciais do mundo, estava pesadamente envolvido no comércio de escravos, mediado através de Edom, o centro de distribuição.[68]

O pecado de Tiro está ligado não somente ao tráfico de escravos, mas, também, à quebra da aliança entre irmãos. A transgressão de Tiro foi caracterizada por desumanidade e perjúrio. Tiro violou a palavra empenhada. Tanto Gaza quanto Tiro estão ligadas ao brutal tráfico de escravos para Edom. Mas Tiro torna-se ainda mais culpado, pois além de comerciar vidas humanas, viola a palavra empenhada.

Tiro cometeu o pecado de desumanidade e traição. Falou uma coisa e fez outra. Prometeu uma coisa e praticou outra.

Edgar Henry faz uma análise do pecado de Tiro contra o povo de Deus:[69]

Primeiro, Tiro pecou contra o seu próprio caráter. Os fenícios eram comerciantes e seu pecado foi comercial. "Entregaram todos os cativos a Edom, e não se lembraram da aliança dos irmãos" (1.9). Eles não fizeram guerra nem mantiveram prisioneiros, mas venderam as pessoas como mercadoria, possivelmente trazendo-as da Síria e vendendo-as aos edomitas e aos gregos (Jl 3.3-6). Os seres humanos, criados à imagem e semelhança de Deus, não devem ser comercializados. O rapto de homens é um pecado que Deus condena (1Tm 1.10).

Segundo, Tiro pecou contra uma aliança. Este foi o pacto feito entre o rei fenício Hirão e Salomão: "E houve paz entre Hirão e Salomão; e fizeram aliança entre si" (1Rs 5.12). Como esse era um pacto de paz, o comércio dos cativos hebreus era uma flagrante violação dessa aliança. Essas circunstâncias fizeram do comércio de escravos hebreus, praticado pelos fenícios, um duplo pecado: o pecado de perjúrio e de opressão.

Terceiro, Tiro pecou contra uma aliança de irmãos. O pacto fenício-israelita era uma aliança de irmãos em sua origem, visto que Hirão era amigo de Davi, pai de Salomão (1Rs 5.1). Também era uma aliança de irmãos em sua continuidade. Essa aliança foi renovada constantemente com várias adições e guardada de ambas as partes. Israel jamais declarou guerra contra Tiro nem quebrou a letra ou o espírito dessa liga fraternal. O cruel pecado de Tiro foi, portanto, não somente violação do primeiro pacto, mas da íntima e cordial relação que sempre existiu entre eles. Finalmente, esse pacto tinha um aspecto religioso. Hirão ajudou Israel com obreiros e material na construção do templo erguido para adoração a Deus (2Cr 2.11,12).

Em segundo lugar, *o juízo de Deus sobre Tiro* (1.10). O pecado do perjúrio e da opressão desencadeou o juízo de Deus sobre Tiro. A bela, magnificente e opulenta cidade foi destruída e reduzida a cinzas. O pecado sempre tem um alto preço. Ele nunca fica impune. O que o homem planta, ele colhe. A justa retribuição de Deus é inevitável e inexorável.

A história informa-nos que Alexandre, o Grande, dominou Tiro em 332 a.C., depois de tê-la cercado por sete meses. Cerca de seis mil pessoas foram mortas, e destas, duas mil foram crucificadas; e trinta mil foram vendidas no mercado de escravos, o que foi uma justa retribuição, visto que esse povo tinha feito a mesma coisa contra outros.[70]

O juízo de Deus sobre Edom (1.11,12)

Destacamos novamente dois pontos:

Em primeiro lugar, *o pecado de Edom* (1.11). Gênesis 36.31 indica que o reino de Edom foi organizado antes do estabelecimento da monarquia de Israel. O território de Edom se estendia da costa sudeste do mar Morto até o golfo de Aquaba, uma região montanhosa, mas rica em recursos minerais. Foi subjugada por Davi. Mais tarde, com a queda de Jerusalém e a dissolução do reino de Judá, os edumeus aproveitaram o ensejo de vingar-se. Invadiram o território dos antigos opressores e despojaram o povo fraco e indefeso.[71]

Os edomitas eram os descendentes de Esaú, irmão de Jacó. O ódio de Esaú por Jacó (Gn 27.41) passou para seus descendentes. Contudo, ao longo dos séculos, eles foram inimigos irreconciliáveis dos israelitas.[72] Quando Israel passava pelo deserto, os edomitas não permitiram que suas caravanas passassem por eles, antes saíram contra eles com espada (Nm 20.14,21). Mais tarde, eles se colocaram contra Israel quando os sírios atacaram Jerusalém, sob o reinado de Acaz (2Rs 16.5). Finalmente, os edomitas demonstraram uma alegria perversa com a queda de Jerusalém (Sl 137.7). Em cada circunstância, Edom escolheu o dia da calamidade de Israel para expressar seu ódio.[73] Edom já havia cometido o pecado de receptação de escravos de Gaza e Tiro; agora, avança ainda mais em sua transgressão. Amós destaca isso de quatro formas diferentes:

Primeiro, o pecado de Edom foi contra o amor fraternal (1.11). Edom persegue não um estranho, mas seu irmão. Havia uma ordem de Deus a Israel para não aborrecer a Edom, por ser seu irmão (Dt 23.7). É contra a natureza odiar a seu irmão, pois ninguém jamais odiou a sua própria carne (Ef 5.29).

Segundo, o pecado de Edom foi agressivo (1.11). Edom perseguiu seu irmão à espada e baniu toda a misericórdia. Ele agiu com implacabilidade. Não foi sensível às crianças nem aos velhos. Mais tarde, quando a Babilônia invadiu Jerusalém, os edomitas entraram na cidade para pilhá-la e ficavam nas encruzilhadas para matar os que tentavam escapar (Ob 10-14).

Terceiro, o pecado de Edom foi monstruoso (1.11). Sua ira não cessou de despedaçar. Sua indignação incessante não desistiu de buscar a morte de seus irmãos. O ódio de Edom era irracional.

Quarto, o pecado de Edom foi insaciável (1.11). Edom reteve sua indignação para sempre (Ez 35.5). Edom não tinha disposição de arrependimento, por isso fechou a porta da graça e do perdão. Onde não se oferece perdão, não se recebe perdão (Mt 6.15). Somente aqueles que perdoam podem ser perdoados (Mt 18.32-35).

Em segundo lugar, *o juízo de Deus sobre Edom* (1.12). O profeta Amós pronuncia o juízo divino sobre Edom, bem como sobre as cidades fortificadas de Temã e Bozra, verdadeiras fortalezas incrustadas no alto dos penhascos. Essa posição geográfica humanamente inexpugnável fez crescer a soberba de Edom. Eles pensavam que jamais seriam derrotados (Ob 1-3). Mas Deus os fez cair das fendas das rochas, e pôs fogo em Temã, e destruiu os castelos de Bozra, e entregou Edom nas mãos de seus inimigos (Ob 4-9).

O juízo de Deus sobre Amom (1.13-15)

Vejamos outra vez dois pontos:

Em primeiro lugar, *o pecado de Amom* (1.13). O território dos amonitas ficava ao lado do Jordão, contíguo à terra de Israel na região de Gileade. Amom e Moabe eram filhos de uma relação incestuosa de Ló com suas duas filhas, depois de sua fuga da cidade de Sodoma (Gn 19.30-38). Os amonitas tornaram-se idólatras e pervertidos moralmente. Eles adoravam um ídolo abominável chamado Moloque (1Rs 11.7). O fato de Salomão ter se casado com mulheres moabitas e amonitas afastou-o de Deus (1Rs 11.1,6).

Amom na ânsia de ampliar seus horizontes geográficos e dilatar sua influência política não demonstra nenhuma misericórdia para com as pessoas desamparadas, a ponto de rasgar o ventre às grávidas de Gileade, sacrificando as mães e os bebês não nascidos. J. A. Motyer diz que nada provoca mais o castigo de Deus do que a crueldade insensível para com o desamparado, pois ele não é justamente chamado de Pai dos órfãos e defensor da casa da viúva (Sl 68.5)?[74] Amós está dizendo que a ambição pessoal de Amom não foi limitada pelo direito dos desamparados e isso provocou a santa ira de Deus.

Em segundo lugar, *o juízo de Deus sobre Amom* (1.14,15). A violência praticada por Amom voltou-se contra si mesmo. Eles atacaram Israel, saquearam Gileade com ganância insaciável e rasgaram o ventre das grávidas; mas agora o próprio Deus, em Sua santa ira, mete fogo aos muros de Rabá e consome seus castelos. Deus impõe o terror dos inimigos sobre eles e leva cativo o seu rei e os seus príncipes, deixando a nação entregue ao alvitre dos saqueadores.

O juízo de Deus sobre Moabe (2.1-3)

Observemos dois pontos:

Em primeiro lugar, *o pecado de Moabe* (2.1). O território de Moabe ficava a leste do mar Morto e se estendia até o limite da terra de Edom. Os israelitas acamparam nas planícies de Moabe antes de entrar em Canaã (Nm 22.1). O rei de Moabe contratou Balaão para amaldiçoá-los (Nm 22.4-6). Nessa ocasião, as mulheres moabitas seduziram os israelitas a se unirem na sua adoração idólatra (Nm 25.1-3). Durante um período de fraqueza israelita, uma coalizão de moabitas, amonitas e amalequitas invadiu Israel e o subjugou por dezoito anos (Jz 3.13,14). Saul derrotou os moabitas (1Sm 14.47), como também o fez Davi (2Sm 8.2). Durante o reinado de Salomão, parece que os moabitas estavam sob o poder de Israel, porque Salomão tomou para si mulheres moabitas (1Rs 11.1). Jeorão, rei de Israel e Josafá, rei de Judá, com o rei de Edom fizeram um abortivo esforço de subjugar Moabe (2Rs 3.26,27). O episódio descrito por Amós deve ter acontecido nesse tempo.

J. A. Motyer comenta que o incidente registrado em 2Reis 3.26,27 é mais facilmente entendido à luz de uma inimizade desesperada e violenta entre as duas nações. Ali o rei de Moabe e seus exércitos foram derrotados por uma coligação de israelitas, judaítas e edomitas. Uma vez que não poderia enfrentar a coligação, o rei de Moabe determinou que, pelo menos o rei de Edom, não sairia ileso (2Rs 3.26), e, quando até isso se tornou impossível, ele, de maneira selvagem, tomou o filho de Edom e o imolou publicamente (2Rs 3.27). O espírito vingativo era tal que aquilo que não pudesse ser acertado em vida, seguiria o rei de Edom à sepultura. O ódio irracional levou Moabe a profanar os próprios mortos. O ódio envenena o coração mais do que fere o seu objeto.[75] O princípio que Amós ensina é a necessidade de renúncia à vingança.

O ódio de Moabe foi tão violento que nem mesmo a morte pôde aplacá-lo. Isso revela a insaciabilidade de sua vingança e a selvageria de seu crime. Moabe não apenas tirou a vida do príncipe de Edom, mas também, profanou seu corpo.

Em segundo lugar, *o juízo de Deus sobre Moabe* (2.2,3). Os moabitas eram filhos do tumulto (Jr 48.45), em tumulto viveram e em tumulto morreram. O julgamento é proporcional ao crime. Violência provoca violência e determina o caráter da punição. Os moabitas profanaram os ossos do rei de Edom depois de uma guerra inglória; agora, eles são destruídos numa guerra estrondosa e seus líderes e príncipes são mortos pelo próprio Deus pelas mãos de seus inimigos (2.2,3).

No dia em que Moabe abriu a tumba de Edom, assinou a sua própria sentença de morte: Moabe morrerá (2.2). A vingança pertence a Deus e deve ser deixada com Ele.[76]

Deus se coloca contra os vingativos e proíbe o Seu povo a fazer vingança por conta própria.[77]

Notas do capítulo 2

43 WIERSBE, Warren W. *With the Word*, p. 582.
44 MOTYER, J. A. *O dia do leão*, p. 22,23.
45 WIERSBE, Warren W. *With the Word*, p. 583.
46 FEINBERG, Charles L. *Os profetas menores*. Editora Vida. Flórida, FL. 1988, p. 85.
47 HENRY, Edgar. *The pulpit commentary*, vol. 14. Grand Rapids, Michigan: Eerdmans Publishing Company, 1978, p. 10.
48 McCOMISKEY, Thomas E. *Zondervan NIV Bible Commentary*. Zondervan Publishing House. Grand Rapids, Michigan. 1994, p. 1438.
49 MOTYER, J. A. *O dia do leão*, p. 24,25.
50 HENRY, Edgar. *The pulpit commentary*, vol. 14,, p. 9.
51 HENRY, Edgar. *The pulpit commentary*, vol. 14, p. 10.
52 MEARS, Henrietta C. *Estudo panorâmico da Bíblia*. Editora Vida. Flórida, FL. 1982, p. 260.
53 MOTYER, J. A. *O dia do leão*, p. 26.
54 BOWDEN, Jalmar. *Comentário ao livro de Amós*, p. 37.
55 HENRY, Edgar. *The pulpit commentary*, vol. 14, p. 10,11.
56 CRABTREE, R. A. *O livro de Amós*, p. 52.
57 MOTYER, J. A. *O dia do leão*, p. 26.
58 WOLFENDALE, James. *The preacher's homiletic commentary. Minor prophets*, vol. 20, p. 248.
59 HENRY, Edgar. *The pulpit commentary*, vol. 14, p. 11,12.
60 CRABTREE, R. A. *O livro de Amós*, p. 53.
61 CRABTREE, R. A. *O livro de Amós*, p. 53.
62 CHAMPLIN, Russell Norman. *O Antigo Testamento interpretado versículo por versículo*, vol. 5. Editora Hagnos. São Paulo, SP. 2003:, p. 3510.
63 CRABTREE, R. A. *O livro de Amós*, p. 54.
64 MOTYER, J. A. *O dia do leão*, p. 26.
65 HENRY, Edgar. *The pulpit commentary*, vol. *14*, p. 12.
66 PAPE, Dionísio. *Justiça e esperança para hoje*, p. 37.
67 CRABTREE, R. A. *O livro de Amós*, p. 55.
68 CHAMPLIN, Russell Norman. *O Antigo Testamento interpretado versículo por versículo*, p. 3510.
69 HENRY, Edgar. *The pulpit commentary*, vol. 14, p. 13,14.
70 CHAMPLIN, Russell Norman. *O Antigo Testamento interpretado versículo por versículo*, p. 3510.
71 CRABTREE, R. A. *O livro de Amós*, p. 56.
72 Conforme Nm 20.18-21; 1Sm 14.47.
73 FAUSSETT, A. R. *The classic Bible commentary*. Edited by Owen Collins. Crossway Book. Wheaton, Illinois. 1999, p. 765.
74 MOTYER, J. A. *O dia do leão*, p. 30.
75 MOTYER, J. A. *O dia do leão*, p. 31.
76 Dt 32.35,41,43; 1Sm 24.12; Sl 94.1; Is 34.8; 35.4; 59.17; 63.4; Jr 11.20; Na 1.2; Hb 10.30.
77 Lv 19.18; 1Sm 25.26,33; Ez 25.12-15; Rm 12.19,20.

Capítulo 3

O juízo de Deus contra Seu próprio povo
(Am 2.4-16)

À GUISA DE INTRODUÇÃO, Amós destaca duas coisas solenes:

Em primeiro lugar, *o juízo começa pela Casa de Deus.* Charles Feinberg diz que as nações são punidas pelos pecados cometidos contra as leis da natureza, da consciência e do sentimento natural (Rm 2.12,14,15), ao passo que Judá e Israel são castigadas por pecarem contra a vontade revelada de Deus.[78] Se Deus julga a iniqüidade das nações por terem pecado contra a luz interior, muito mais Deus julgará o Seu povo pelo pecado de rejeitar Sua santa Palavra.

O pecado do povo de Deus é mais grave, mais hipócrita e mais danoso que o pecado dos ímpios. É mais grave, porque peca apesar de um maior conhecimento; é mais hipócrita, porque o povo condena o pecado nos outros e não vê o seu próprio; e mais danoso, porque quando o povo de Deus peca provoca mais escândalo. O juízo de Deus começa pela Sua Casa, mostrando que maiores privilégios implicam em maiores responsabilidades.

Em segundo lugar, *o pecado do povo de Deus é mais severamente condenado*. A profecia de Amós, embora tenha sido dirigida também às nações pagãs, foi endereçada principalmente ao povo de Deus. Quanto mais íntima é a relação com Deus, mais grave é o pecado e mais sério o juízo.

Os pecados de Judá contra Deus (2.4)

Judá era a região menor, mais árida e mais pobre da Palestina. Sua extensão não passava de noventa quilômetros do Norte ao Sul, e de cinqüenta do Leste ao Oeste. Mas sua importância moral e religiosa para o mundo é sem par.[79] O reino de Judá era o centro religioso de Israel. Lá estava Jerusalém, o templo, os sacerdotes, o culto, a lei. O pecado de Judá denunciado pelo profeta Amós não é um pecado moral, mas espiritual. James Wolfendale diz que as outras nações foram julgadas por seus crimes contra os homens; mas Judá pelos seus insultos contra Deus.[80] É um terrível engano pensar que a graça de Deus nos isenta de responsabilidade moral. Deus nos escolheu para sermos santos e irrepreensíveis. Fomos salvos do pecado e não no pecado. Destacamos alguns pontos:

Em primeiro lugar, *no que consistiu o pecado de Judá*. Destacamos dois aspectos:

Primeiro, eles rejeitaram a Lei de Deus (2.4). Dionísio Pape diz que Amós abandonou o argumento político, a favor do religioso. Judá seria julgada pela sua infidelidade ao Senhor. A canção de Amós não era mais modinha popular. De repente se tornou corinho de crente.[81] O ato horrendo de Judá foi ter abandonado a Lei do Senhor, que a tornava distinta entre as nações (Dt 4.5-9).

J. A. Motyer diz que a "Lei" não significa "legislação" (que são idéias relacionadas com legalismo, imposição, recompensa e castigo), mas sim "instrução", com a idéia de contato pessoal entre professor e aluno.[82] Já Bowden diz que a lei do Senhor quer dizer os princípios éticos e morais, vindos de Deus aos homens.[83] A. R. Crabtree diz que a palavra *torah* usa-se em vários sentidos: o Antigo Testamento, o Pentateuco, a revelação divina.[84] C. F. Keil afirma que *torah* é síntese e substância de todas as instruções e de todos os mandamentos que Deus deu ao povo como regra de vida.[85] A palavra "rejeitar" aponta para um estado mental que primeiro despreza e, depois, dispensa. A rejeição é um ato deliberado da vontade, é um abandono consciente, um insulto à bondade de Deus. Eles rejeitaram a lei, recusando-se a ensinar os mandamentos de Deus, a os ouvir e a lhes obedecer. Eles rejeitaram a lei, perseguindo os profetas verdadeiros e correndo atrás dos profetas falsos. Eles rejeitaram a lei de Deus, ao viverem na prática de pecados que a lei condena.

Ainda hoje, a Igreja tem abandonado a Lei do Senhor. Vários são os desvios que desencaminham a Igreja atualmente, como o liberalismo, o misticismo, o ecumenismo, o legalismo e a ortodoxia morta. Precisamos urgentemente de uma nova reforma. A Igreja evangélica brasileira precisa voltar-se para as Escrituras.

Segundo, eles não guardaram os seus estatutos (2.4). A palavra "estatutos" vem de um verbo que significa "esculpir, gravar". Seu significado no contexto fica bem ilustrado na referência às "tábuas" dos mandamentos escritos na rocha pelo dedo de Deus. O "estatuto" é símbolo da lei de Deus no seu aspecto de ser a verdade imutável e imperecível.[86] Eles viveram à margem e ao arrepio dos ensinamentos recebidos. Eles sacudiram de sobre si o jugo de Deus. Eles se cansaram de ser o povo da aliança.

Em segundo lugar, *as razões da queda de Judá*. Amós destaca duas coisas:

Primeira, a teologia errada (2.4). Eles foram enganados pelas suas próprias mentiras. Com a palavra "mentiras", o profeta indica idolatria.[87] A. R. Crabtree diz que "mentiras" pode significar os ensinos dos profetas falsos, e aceitos avidamente, porque esses falsos mensageiros desculparam, ou justificaram astuciosamente as transgressões e a idolatria do povo.[88]

A rejeição da lei de Deus não acontece num vácuo nem fica sem graves conseqüências. Normalmente, isso é resultado de um engano religioso. Antes de as pessoas rejeitarem a verdadeira doutrina, elas são seduzidas pela heresia. J. A. Motyer diz que eles possuíam a lei do Senhor, mas preferiram as tradições dos homens.[89]

É verdade também que o engano é resultado do abandono da verdade. O primeiro ataque do diabo à raça humana foi sugestioná-la a abandonar a verdade. Ao longo dos séculos, a Igreja vem sofrendo a mesma sedução. Geração após geração, vem cedendo aos sutis ataques e capitulando às perniciosas heresias. O erro popular de uma geração torna-se o axioma da próxima. Os filhos canonizam os erros de seus pais.[90] A tradição dos homens desemboca em mentira, enquanto a verdade de Deus protege a Igreja da mentira. A Igreja é chamada para proclamar a verdade ao mesmo tempo em que a verdade a protege.

Segunda, a ética errada (2.4). Eles andaram segundo essa mentira. A teologia é mãe da ética. A ética é filha da teologia. Assim como o homem pensa, assim ele é. A impiedade desemboca na perversão. A idolatria conduz à imoralidade. O ensino errado deságua em vida errada. O abandono da Lei e dos Estatutos empurrou o povo para o terreno escorregadio da heresia, e esta o induziu a andar em pecado. Não há santidade fora da verdade. Não há ortopraxia sem ortodoxia.

O juízo de Deus contra Judá (2.5)

Amós enfatiza duas coisas:

Em primeiro lugar, *Deus é o agente desse juízo* (2.5). É Deus quem traz o mal, é Deus quem põe fogo. É Deus quem traz a Babilônia contra Jerusalém. É Deus quem entrega os vasos do templo nas mãos de Nabucodonosor.

Em segundo lugar, *o juízo de Deus é devastador* (2.5). O pecado é maligníssimo. Ele jamais ficará impune. Seu salário é a morte. Judá foi devastada pelo inimigo e devorada pelo fogo.

O pecado de Israel denunciado (2.6-8)

O colapso da vida social de Israel é uma decorrência do abandono da verdade. Por Israel ter sacudido o jugo da verdade, pecou contra os outros (2.6), contra a revelação (2.7b) e contra a graça (2.8).[91] No seu desvio da verdade, Israel buscou primordialmente os bens materiais (o pecado da cobiça), demonstrou a irrelevância dos direitos das outras pessoas (o pecado da opressão) e a promoção irrestrita do benefício próprio (o pecado da arrogância). Os pecados denunciados em Israel eram os mesmos presentes nas nações pagãs. Em vez de Israel ser luz para as nações, as trevas das nações pagãs cobriram Israel de espessa escuridão.

David Allan Hubbard faz uma vívida descrição desses pecados de Israel nos seguintes termos:

> A lista de seus crimes encheria um enorme mata-borrão policial: escravagismo de seus compatriotas por razões de somenos (2.6; 8.6), perversão da justiça para os em desvantagem (2.7,9; 5.10,12,15), prática do incesto (2.7), cobrança de impostos absurdos (2.8; 3.10; 5.11), estrangulamento dos profetas que se opusessem a esses atos (2.12; 2.8; 7.12,13), manutenção de um estilo de vida extravagante à custa dos pobres (4.1; 6.1-6), desatenção às advertências implícitas em suas experiências desastrosas (4.6-11), práticas religiosas tanto insinceras quanto contaminadas com o paganismo (5.4,5,21-27; 8.4,5,13,14), pressuposição de que o Senhor só lhes reservava bênçãos para o futuro (5.18-20; 9.10), segurança e descanso em sua perícia militar e defesas inabaláveis (3.11; 6.2,3,8), vanglória em virtude de suas prerrogativas pactuais, ao mesmo tempo em que desconsideravam que Deus era soberano para cuidar também das demais nações (3.1,2; 9.7).[92]

A. R. Crabtree diz que uma das características do nacionalismo exagerado de qualquer nação é a tendência de condenar os pecados de outras nações, ficando cego aos seus próprios delitos. A profecia de Amós, portanto, é uma admoestação para todos os povos, em todas as épocas da História, aplicável às injustiças sociais que operam constantemente entre todas as classes e, freqüentemente, entre povos assiduamente religiosos, como os israelitas.[93]

Vários pecados de Israel são denunciados por Amós:

Em primeiro lugar, *a corrupção do poder judiciário* (2.6). Isso pode ser visto em duas práticas abomináveis desses magistrados:

Primeira, a venda de sentenças (2.6). As nações pagãs praticavam o abominável comércio de escravos (1.6,9). Agora as cortes israelitas escravizam os pobres. Eles perverteram a justiça. Ninguém podia negar que os tribunais sempre favoreciam os que se serviam de meios venais para ganhar a causa. Assim, havia duas leis, uma para o rico, e outra para o pobre.[94] A riqueza havia se tornado mais importante que o caráter.[95] Os juízes estavam trabalhando não pela verdade nem eram agentes da justiça, mas estavam a serviço dos poderosos, buscando enriquecimento ilícito e promovendo clamorosa injustiça contra os pobres e fracos. Eles estavam violando a lei de Deus, desonrando a alta posição que ocupavam, oprimindo aqueles que deveriam defender, vendendo sentenças para se locupletarem.

As Escrituras dizem-nos que aquele que oprime ou ridiculariza o pobre insulta seu Criador (Pv 14.31; 17.5). Todavia, em Israel, graças à insaciável ganância dos juízes injustos, aquele que tinha uma causa justa era condenado por amor ao suborno. Isto violava a proibição clara da lei de Deus: "Não torcerás o juízo, não farás acepção de pessoas, nem receberás peitas; porque a peita cega os olhos dos sábios, e perverte a causa dos justos" (Dt 16.19). Quando o poder judiciário se mancomuna com cartéis criminosos para oprimir os pobres, isso provoca a santa ira de Deus.

Segunda, a opressão dos pobres (2.6). Eles oprimiram os pobres. Os juízes estavam tão corrompidos que aceitavam qualquer tipo de suborno para oprimir os pobres. Pela mais insignificante quantia, um par de sandálias mesmo, era possível comprar os tribunais da época (8.6).[96] Eles condenavam o justo por um valor irrisório. A vida dos pobres não tinha o menor valor para eles. Tratavam os pobres com total desprezo e desdém. O verbo *vender* é o mesmo usado no sentido de vender uma pessoa como escrava (Gn 37.28; Êx 21.16). O livro de Amós menciona diversas vezes esse terrível pecado de desprezar o pobre (2.6,7; 4.1; 5.11; 8.6).

Em segundo lugar, *a cobiça insaciável* (2.7). Amós enfatiza dois aspectos da cobiça insaciável dos ricos:

Primeiro, a cobiça dos ricos é sem limites (2.7). Eles aspiram até pelo pó que gruda no rosto do trabalhador pobre. Dionísio Pape diz que os donos das grandes fazendas não queriam entregar aos pobres nem uma nesga de terra para o seu próprio uso. Com ironia, Amós declarou que os ricos cobiçavam até o pó da terra, colado às frontes suadas dos trabalhadores.[97] A. A. Crabtree diz que o sentido do hebraico não é claro.[98] Por sua vez, Charles Feinberg diz que várias têm sido as explicações dessa parte do versículo. Entendem alguns que o profeta está dizendo que eles lançam pó sobre suas cabeças em sinal de luto. Outra opinião é que os ímpios pisoteavam os pobres no pó da terra. Ainda outros pensam que os credores davam de má vontade aos pobres até o pó que estes, como lamentadores, lançavam sobre suas cabeças. Os injustos não descansavam até que tivessem enterrado os pobres nas profundezas da dor.[99] Jalmar Bowden escreve sobre a dificuldade de interpretação dessa expressão. Figueiredo traduziu assim: "Eles machucam sobre o pó da terra as cabeças dos pobres". Moffat traduz assim: "Eles pisam aos pés os pobres, como se fossem pó".[100] Os ricos caminhavam sobre a cabeça dos pobres como se eles fossem pó. Russell Champlin diz que os ricos recusavam-se a aliviar os sofrimentos dos aflitos.[101]

Segundo, os poderosos oprimem os mansos (2.7). Esses mansos não tinham vez nem voz. Seus direitos eram espoliados. Uma orquestração criminosa dos ricos com os juízes inescrupulosos assaltava seus direitos e seus bens. Os mansos não eram estimulados a apresentar e a manter sua justa causa. Dessa forma, eles eram ludibriados, e sua causa, pervertida (Is 10.2). Os ricos se opunham a tudo o que os fracos empreendiam.

Em terceiro lugar, *a imoralidade desavergonhada* (2.7). O nome de Deus era profanado não apenas pela exploração e pela opressão do pobre, mas também pela luxúria desenfreada, quando pai e filho se deitavam com a mesma mulher, talvez uma das prostitutas dos templos do ídolo, como a da deusa Astarte. Invariavelmente, o afastamento espiritual do Senhor faz-se acompanhar também do afastamento moral.[102]

Amós condena aqui a imoralidade com todas as forças da sua alma. Um povo que rejeita a lei de Deus mergulha na imoralidade. A idolatria é a porta de entrada da dissolução moral (Rm 1.24-28). Israel imitou os pagãos não apenas nos pecados sociais, mas também nos pecados morais. O prazer sexual substituíra o Santo nome de Deus como princípio orientador da vida (1Ts 4.3-8). Quando o povo se imiscui na imoralidade, os ímpios blasfemam contra Deus (2Sm 12.14). Por isso, somos exortados a apartar-nos da iniqüidade (2Tm 2.19).

Os israelitas se deixaram seduzir pela forma de culto pagão. O profeta Oséias falou da prostituição de filhas israelitas, nos lugares altos, e debaixo de árvores frondosas (Os 4.13,14). Ele usa o termo *quedhasha*, "prostituta sagrada", mas a palavra *na'rah*, "moça", usada por Amós significa a mesma coisa. Assim, no seu culto paganizado, os israelitas profanavam o santo nome do Senhor.[103]

Em quarto lugar, *a irreverência afrontosa* (2.8). Duas coisas são destacadas por Amós.

Primeira, a violação do direito inalienável do ser humano (2.8a). Ninguém podia tomar a roupa do corpo de uma pessoa como pagamento de dívida. A lei, em Êxodo 22.26,27, diz que as vestes até podiam ser tomadas como garantia para um empréstimo, mas durante o dia, devendo ser devolvidas à noite; e o motivo para isso fica bem claro: a capa era usada à noite como cobertor. Contudo, esses dráculas insaciáveis não apenas se recusam a devolver a vestimenta, mas se deitavam sobre ela, ao pé de qualquer altar. J. A. Motyer diz que quando a compaixão divina não encontra reflexo na compaixão humana, então o altar é visitado em vão.[104] O altar era Deus estendendo a mão para atrair o povo a Sua presença por meio da virtude do sangue derramado dos sacrifícios. Deus, em Sua misericórdia, torna possível que os pecadores habitem com Ele. Mas o povo em seu pecado estava abandonando a misericórdia no palco da misericórdia de Deus (2.8a) e rompendo com Deus por meio de orgias (2.8b). Quando perdemos a comunhão com Deus também quebramos a nossa comunhão com o próximo.

Segunda, a entrega ao pecado dentro da própria Casa de Deus (2.8b). Eles perderam todos os limites da decência. Eles profanaram o nome de Deus e a Casa de Deus, ao beberem o vinho da ganância e da exploração dentro do templo. O vinho que esses farristas bebem em suas festas idólatras e obscenas ao seu deus foi comprado com o dinheiro que conseguiram por meio de multas injustas. Eles exploravam as pessoas e se refugiavam no templo. Eles queriam ter comunhão com Deus ao mesmo tempo em que oprimiam as pessoas. Mas não há comunhão vertical quando não há a comunhão horizontal. Não há intimidade com Deus quando não há a comunhão com os irmãos. Não há amor a Deus, quando está ausente o amor ao próximo.

O amor de Deus por Israel (2.8-11)

Os versículos 6-8 proclamam os atos pecaminosos de Israel; os versículos 9-11, os atos redentores de Deus. Destacaremos a manifestação da misericórdia de Deus a este povo do pacto.

Em primeiro lugar, *redenção nacional* (2.10). Deus tirou esse povo com mão forte e poderosa da escravidão, em que viveram 430 anos debaixo de opressão. Deus esmagou o poder de Faraó e seus deuses e tirou Seu povo da terra da servidão. Deus escolheu soberana e graciosamente o povo de Israel (Dt 10.15); (7.7,8). Separou-o dos povos e fez com ele uma aliança (Êx 33.16; Gn 7.7,19). O êxodo foi a redenção do povo (Êx 6.6,7; 20.2). Deus lhes deu uma salvação que não podia ser recusada (Êx 12.33) nem desfeita pela mão humana (Êx 14.13,14,30,31).

Em segundo lugar, *libertação nacional* (2.9,10). Deus deu a Israel vitória sobre seus inimigos. Foi Deus quem os fez subir do Egito. Essa foi uma estupenda providência; estupenda em sua natureza e em seus resultados. O braço onipotente de Deus triunfou sobre seus inimigos.

Os amorreus eram a mais poderosa de todas as nações que habitavam a terra de Canaã. É vívida a descrição que se faz deles – altos como os cedros e fortes como os carvalhos – e mostra que o relatório dos espias incrédulos estava certo no que concerne à aparência exterior (Nm 13.22,32,33; Dt 1.28). Embora os inimigos possuíssem estatura de gigantes, Deus destruiu-lhes tanto os frutos quanto as raízes. Em uma palavra, destruição total.[105] Sozinhos eles jamais poderiam ter saído da escravidão. Mas Deus, soberana e poderosamente os liberta, os conduz, derruba fortalezas, derrota seus inimigos e os introduz na Terra Prometida. Isso prova de forma insofismável que toda a salvação vem de

Deus, é obra de Deus. Tudo que temos e somos é resultado da maravilhosa graça.

Em terceiro lugar, *preservação nacional* (2.10). Deus revela ao Seu povo uma providência generosa. Deus os guiou em sua jornada por quarenta anos. Conduziu o povo vitoriosamente no deserto, dando-lhe pão, água, vestes, direção, proteção e livramento. Deus conduziu esse povo, perdoando seus pecados, tolerando suas transgressões, renovando com eles Sua aliança, e oferecendo a eles Seu perdão e Sua bendita companhia.

Em quarto lugar, *privilégio nacional* (2.11). Deus deu a Israel privilégios espirituais. Ele levantou entre Seus filhos grandes líderes espirituais para orientar o povo pela Palavra e pelo exemplo. Amós enfatiza dois pontos:

Primeiro, Deus levantou profetas dentre Seus filhos (2.11). Deus deu a eles pregadores inspirados. Ele não foi às nações estrangeiras buscar os mensageiros; levantou-os dentre o próprio povo. Deus havia feito tudo para proporcionar-lhes instrução na verdade e para manter a pureza e a santidade de vida na nação. Homens de santidade e de poder como Elias e Eliseu foram enviados a eles, cheios do Espírito e de sabedoria. Mensageiro após mensageiro repreendeu seus pecados e revelou a eles a vontade de Deus. Eles jamais ficaram sem um testemunho de Deus e sem uma voz profética a ensiná-los.

Segundo, Deus suscitou nazireus dentre seus filhos (2.11). Deus deu a eles nobres exemplos. Os nazireus eram consagrados a Deus desde o ventre. Seus filhos foram escolhidos por Deus para andarem em santidade. Seus filhos deveriam ser criados para Deus e não viverem na escuridão do pecado. Agora, o profeta vira-se e pergunta sem rodeios: "Acaso não é isso, filhos de Israel? diz o Senhor" (2.11).

Ousaria o povo negar ou questionar esse fato? Deleitou-se Israel nessas misericórdias de Deus? Não!

A ingratidão de Israel ao amor de Deus (2.12)

O mais chocante na apostasia de Israel é que ele não quis nem o exemplo das vidas santas nem a declaração da verdade. Os pecados exteriores do povo de Deus iam lado a lado com os pecados dos pagãos, mas, por trás dessa semelhança, há uma diferença aterradora. Deus falou a Israel, Seu próprio povo, e Israel não respondeu a Ele. Israel cometeu o mais grave pecado, o pecado de possuir a revelação e ignorá-la.[106] Consideraremos esses dois aspectos da ingratidão de Israel.

Em primeiro lugar, *fez tropeçar os jovens que deviam viver em santidade* (2.12). O nazireu fazia voto de não tomar bebida alcoólica, de não tocar em cadáver nem cortar o cabelo (Nm 6.1-3). Os israelitas enfraqueciam os que tinham assumido esses solenes votos ao Senhor, animando-os a agir contrariamente. Eles perverteram seus próprios filhos. Eles colocaram tropeços para aqueles que deveriam viver para a glória de Deus. O Senhor levantou exemplos vivos de santidade entre eles, mas eles levaram essas pessoas a pecarem contra Deus, dando vinho aos nazireus, fazendo-os quebrar, assim, o voto de nazireado.

Hoje, como naquela época, os maus não se contentam com sua maldade, mas ficam irrequietos na presença do bem e, num espírito verdadeiramente diabólico, procuram arrastar todos ao caminho de perdição. Não querem a Deus e dele procuram todos afastar.[107]

Em segundo lugar, *tapou os ouvidos à Palavra de Deus* (2.12). Eles deram ordens aos profetas para não profetizar (7.12-14). Eles não queriam ouvir a voz de Deus. Não queriam ser confrontados (Jr 11.21). Dionísio Pape diz que, nos cultos, nada se pedia aos profetas, senão uma cerimônia empolgante. Nada de pregação da Palavra de Deus! O culto cantado bastava (5.21-23). O profeta era benquisto se dirigisse o programa especial, sem mensagem nenhuma. Religião sem Palavra de Deus. Culto sem pregação.[108]

Jezabel jurou pelos seus deuses matar Elias (1Rs 19.2,3). Amazias tentou silenciar o profeta Amós (7.12,13). Jeremias enfrentou perseguição e prisão (Jr 37.13). Os principais sacerdotes tentaram silenciar os apóstolos e depois encerram-nos na prisão (At 4.3,18-21; 5.18). Ao longo da História, os profetas de Deus foram perseguidos, os embaixadores de Cristo sofreram toda sorte de perseguição. O século 20 assistiu estarrecido ao maior número de mártires de toda a história da Igreja.

Esse duplo pecado de Israel tem sérias implicações espirituais. Edgar Henry escreve sobre elas[109]:

Primeiro, esse foi primariamente um pecado contra Deus. A profecia e o nazireado são instituições divinas. O voto de um e a mensagem do outro são prescritos por Deus. É da expressa vontade de Deus que ambos realizem Sua obra. Eles são instrumentos de Deus, realizando o propósito de Deus na vida da nação. A ação de Israel contra eles conspira contra a autoridade e o propósito de Deus.

Segundo, esse foi um pecado contra o homem. Esse foi o pecado de compelir o profeta e o nazireu a desobedecerem a Deus. A desobediência é um grave pecado, mesmo quando é cometida sob pressão. Importa obedecer a Deus do que aos homens. É preferível morrer pela obediência do que viver pela desobediência. A história da Igreja está cheia de mártires que preferiram a morte ao pecado. Portanto, aqueles que compelem as pessoas a pecar contra Deus, maior pecado têm, pois tentam não apenas para a destruição do corpo, mas também para a destruição da alma.

Terceiro, esse foi um pecado contra os interesses dos próprios pecadores. Todo pecado é danoso, mas este é duplamente desastroso. O profeta é aquele que traz a mensagem de Deus ao povo não para que este seja destruído, mas para que seja salvo. Quando eles fecham a sua boca, eles se privam a si mesmos da mensagem salvadora. Onde falta profecia, o povo perece. Os nazireus eram mensagens vivas aos seus olhos. Eles encarnavam a vida de consagração. A vida dos nazireus era um contínuo protesto contra a imoralidade e o mundanismo do povo. Deus falou-lhes aos ouvidos e aos olhos, mas eles rejeitaram a mensagem do Eterno.

O juízo inescapável de Deus contra Israel (2.13-16)

Privilégios implicam responsabilidades. O mesmo Deus que exerceu o Seu santo juízo contra os pagãos por causa de seus pecados, agora, traz Seu castigo para Seu próprio povo. O rei Salomão escreveu: "A justiça exalta as nações, mas o pecado é o opróbrio dos povos" (Pv 14.34). Não há coisa mais terrível do que Deus levantar-se como inimigo. Sua mão é pesada, Seu juízo severo, Sua condenação inescapável. A Bíblia diz que horrenda coisa é cair nas mãos do Deus vivo (Hb 10.31). A salvação não é uma licença para pecar. Não fomos salvos no pecado, mas do pecado. A graça de Deus nunca nos leva à complacência moral. J. A. Motyer diz que a história é a arena das decisões morais, dos conflitos morais e das conseqüências morais.[110] O juízo inescapável de Deus sobre Israel veio em forma de uma guerra, quando a Assíria invadiu sua terra e levou o povo cativo. Dois fatos solenes são destacados:

Em primeiro lugar, *o juízo é inevitável* (2.13). O juízo de Deus pode parecer demorado, mas certamente ele virá. Ele chega como um terremoto, provocando um abalo sísmico em toda a nação. Um colapso atinge toda a terra. Não haverá estabilidade para ninguém. Os poderosos não poderão se refugiar em seus castelos. A Assíria, como uma avalanche, viria sobre Israel, e todo o povo seria reduzido à escravidão.

Em segundo lugar, *a fuga é impossível* (2.14-16). Amós anuncia um cerco à nação. O inimigo viria impetuosamente e a fuga seria impossível. Isso parecia um devaneio do profeta, pois a nação vivia o auge da sua prosperidade econômica e estabilidade política. Dionísio Pape diz que na capital tudo exalava paz e prosperidade. Exímio na diplomacia, o rei Jeroboão II, conseguira um clima de paz inaudita. Seu tino administrativo garantia para a capital e para a classe privilegiada uma vida nababesca. E agora chegava esse forasteiro doido proclamando o colapso da nação. Com certeza, o sábio rei seria altamente competente no futuro como no presente, Por que temer?, pensaram os israelitas.[111]

Fuga, força e livramento faltarão a esses homens na hora da necessidade. O arqueiro adestrado, o soldado de infantaria e o cavaleiro verificarão que sua destreza de nada vale nessa calamidade. Até os mais valentes dentre os poderosos só terão condições de salvar a própria vida (2.16). Em suma, ninguém escapará do exército assírio quando ele vier para executar os propósitos divinos de juízo contra seu próprio povo pecaminoso. A vara da ira de Deus cairá, e ninguém poderá evitá-la naquele temível dia.[112]

Notas do capítulo 3

78 FEINBERG, Charles L. *Os profetas menores*, p. 88.
79 BOWDEN, Jalmar. *Comentário ao livro de Amós*, p. 46.
80 WOLFENDALE, James. *The preacher's homiletic commentary on the book of the Amos*, p. 253.
81 PAPE, Dionísio. *Justiça e esperança para hoje*, p. 38.
82 MOTYER, J. A. *O dia do leão*, p. 41.
83 BOWDEN, Jalmar. *Comentário ao livro de Amós*, p. 46.
84 CRABTREE, R. A. *O livro de Amós*, p. 61.
85 KEIL, C. F. *Commentary on the Old Testament*, vol. X. William B. Eerdmans Publishing Company. Grand Rapids, Michigan 1978, p. 251.
86 MOTYER, J. A. *O dia do leão*, p. 41.
87 BOWDEN, Jalmar. *Comentário ao livro de Amós*, p. 46.
88 CRABTREE, R. A. *O livro de Amós*, p. 61.
89 MOTYER, J. A. *O dia do leão*, p. 39.
90 MOTYER, J. A. *O dia do leão*, p. 39.
91 MOTYER, J. A. *O dia do leão*, p. 43.
92 HUBBARD, David Allan. *Joel e Amós*. Editora Vida Nova. São Paulo, SP. 2006, p. 122,123.
93 CRABTREE, R. A. *O livro de Amós*, p. 62.
94 PAPE, Dionísio. *Justiça e esperança para hoje*, p. 39.
95 MEARS, Henrietta C. *Estudo panorâmico da Bíblia*, p. 261.
96 FEINBERG, Charles L. *Os profetas menores*, p. 89.
97 PAPE, Dionísio. *Justiça e Esperança para Hoje*, p. 39.
98 CRABTREE, R. A. *O livro de Amós*, p. 64.
99 FEINBERG, Charles L. *Os Profetas Menores*, p. 89.
100 BOWDEN, Jalmar. *Comentário ao livro de Amós*, p. 50,51.
101 CHAMPLIN, Russell Norman. *O Antigo Testamento interpretado versículo por versículo*, vol. 5, p. 3512.
102 FEINBERG, Charles L. *Os profetas menores*, p. 89.
103 CRABTREE, R. A. *O livro de Amós*, p. 65.
104 MOTYER, J. A. *O dia do leão*, p. 47.
105 FEINBERG, Charles L. *Os profetas menores*, p. 90,91.
106 MOTYER, J A. *O dia do leão*, p. 49,50.
107 BOWDEN, Jalmar. *Comentário ao livro de Amós*, p. 55.
108 PAPE, Dionísio. *Justiça e esperança para hoje*, p. 40.
109 HENRY, Edgar. *The pulpit commentary*, vol. 14, p. 33.
110 MOTYER, J. A. *O dia do leão*, p. 52.
111 PAPE, Dionísio. *Justiça e esperança para hoje*, p. 40.
112 FEINBERG, Charles L. *Os profetas menores*, p. 92.

Capítulo 4

O rugido do leão
(Am 3.1-15)

AMÓS É UM MEGAFONE de Deus. Ele é um *outdoor* ambulante com uma solene mensagem para a nação de Israel. Ele faz soar a trombeta de Deus, trazendo uma mensagem solene. Nos próximos três capítulos desse livro, Amós proclama três mensagens: explicação (3.1-15), acusação (4.1-13) e lamentação (5.1– 6.14).[113] Todas elas começam com a ordem: "Ouvi".

C. F. Keil afirma que pelo fato do Senhor ter escolhido Israel para ser Seu povo, Ele deve punir seus pecados (3.2) e comissionar profetas para anunciar Seu julgamento (3.3-8). Como Israel semeou opressão, violência e maldade, um inimigo saqueará a sua terra e destruirá Samaria, fazendo, assim, perecer seus habitantes. Os altares de Betel serão demolidos, e a capital, destruída (3.9-15).[114] O capítulo 3 de Amós enseja algumas lições que consideraremos a seguir.

Privilégios implicam responsabilidades (3.1,2)

Antes de Deus embocar a trombeta do juízo contra Israel, Ele o recorda de seus muitos privilégios. A trombeta está tocando, não para estranhos, mas para o povo eleito. O leão está rugindo, não nas selvas do paganismo, mas na cidade povoada pelo povo da aliança. J. A. Motyer diz que este é o povo da aliança e da adoção; é o povo remido e que tem uma intimidade singular com Deus.[115] O juízo começa pela Casa de Deus (1Pe 4.17). O castigo é proporcional ao privilégio. Quanto mais próximos estivermos do Senhor, tanto maior fidelidade se requer de nós, diz Charles Feinberg.[116] Amós destaca cinco privilégios do povo de Israel.

Em primeiro lugar, *um chamado gracioso* (3.2). De todas as famílias da terra, Deus pôs o Seu coração em Israel. Deus o escolheu não por ser uma grande nação nem por ser a melhor (Dt 7.6-8). A causa da escolha divina está Nele mesmo. Não há nada que possamos fazer para Deus nos amar mais nem nada que possamos fazer para Deus nos amar menos. Não fomos nós quem O escolhemos, mas foi Ele quem nos escolheu (Jo 15.16). Ele nos escolheu desde os tempos eternos (2Tm 1.9), antes da fundação do mundo (Ef 1.4) e, fez isso graciosamente, sem nenhum merecimento nosso. Deus não nos escolheu por causa de nossa fé, mas para a fé (At 13.48). Deus não nos escolheu por causa de nossas boas obras, mas para as boas obras (Ef 2.8-10). Deus não nos escolheu por causa de nossa santidade, mas para sermos santos (Ef 1.4). Deus não nos escolheu por causa de nossa obediência, mas para a obediência (1Pe 1.2).

Em segundo lugar, *um chamado eficaz* (3.1b). Deus não só escolheu Israel, mas o remiu, o libertou e o chamou. Deus tirou Seu povo dos grilhões da escravidão, protegeu-o por meio do sangue do Cordeiro, libertou-o com mão forte e poderosa e o sustentou por Sua generosa providência. O Deus que elege graciosamente é o mesmo que salva totalmente e chama eficazmente. O chamado de Deus é irresistível. Sua graça é eficaz. É impossível que uma pessoa eleita pereça, pois todos quantos Deus predestina, Ele chama; e a todos os que Ele chama, justifica e glorifica (Rm 8.30).

Em terceiro lugar, *um chamado exclusivo* (3.2a). Deus disse a Israel: "De todas as famílias da terra só a vós outros vos tenho conhecido". O relacionamento íntimo de Deus com Israel foi exclusivo. Warren Wiersbe diz que o termo "escolher", que também pode ser traduzido por "conhecer", indica um relacionamento íntimo, como aquele de marido e mulher (Gn 4.1). "Conhecer" é "escolher" (Gn 18.19; Jr 1.5; 2.2,3). Pelo fato de pertencer exclusivamente ao Senhor, Deus fez por Israel coisas que não fez por nenhuma outra nação (Rm 9.4,5).[117]

Em quarto lugar, *um chamado proposital* (3.3). Deus chamou Israel para uma relação de amor e de comunhão. Grande é a bênção da proximidade de Deus, mas grande é, também, a responsabilidade de viver em conformidade com essa luz.[118] Deus libertou esse povo para ser Sua noiva amada. A eleição divina é para a salvação do pecado, e não no pecado. A eleição é para a santidade, e não uma licença para pecar. Intimidade implica responsabilidade.

A concordância com Deus é necessária para andar com Ele. No passado Deus andou com Israel (Jr 3.14) porque estavam de acordo, mas agora os caminhos de Israel e os caminhos do Senhor são tão diversos que não pode haver comunhão entre eles, diz Charles Feinberg.[119] Deus e o pecador não estão de acordo. Deus é luz. Deus é santo. Por isso, nosso pecado faz separação entre nós e o nosso Deus (Is 59.2). Não há nada em comum entre Deus e o pecador. Eles estão em lados opostos como dois viajantes em diferentes direções. A intimidade só pode ser cultivada por aqueles que têm unidade de pensamento, sentimento e propósito. O pecado nos separa de Deus ou a comunhão com Deus nos separa do pecado. A Septuaginta traduziu a expressão "se não estiverem de acordo" por "se não se conhecerem". Israel, em sua injustiça e hipocrisia se afastara para tão longe do Senhor, que não tinha conhecimento do Espírito de Deus.[120]

Em quinto lugar, *um chamado que implica responsabilidade* (3.2b,3). J. A. Motyer diz que o pecado é desesperadamente sério no meio do povo de Deus. Os pagãos ficam sob a condenação por violarem a consciência; o povo de Deus deve, portanto, ficar três vezes mais sob a condenação, por violar a consciência, a revelação e o amor que fez dele o que é.[121] É conhecida a expressão de Pusey: "Quanto mais perto de Sua própria luz Deus coloca alguém, mais maligna é a escolha das trevas".

A graça de Deus não é licença para pecar. Não fomos salvos no pecado, mas do pecado. Nós fomos eleitos pela santificação do Espírito e fé na verdade (2Ts 2.13). Nós fomos eleitos para a santidade (Ef 1.4). Israel, por viver na contramão da vontade de Deus, tinha uma confiança espúria nele e uma visão supersticiosa da eleição.[122] Eles torciam a doutrina da eleição. Pensavam que Deus se deleitava neles mesmo vivendo em seus pecados. Achavam que só lhes cabia privilégios e não responsabilidades. Mas Deus diz que vai punir Israel não apenas por causa de seus pecados, mas também por causa de seus privilégios desperdiçados. O puritano Richard Baxter diz que os pecados do povo de Deus são mais graves, mais hipócritas e mais danosos do que os pecados do ímpio. O povo de Deus peca contra maior luz, contra maiores princípios de vida e mais íntimo relacionamento.

A graça de Deus deve nos estimular à santidade mais do que o medo do castigo (1Jo 3.1,2). O amor a Jesus deve ser a nossa grande motivação para viver e trabalhar no reino de Deus (2Co 5.14; Jo 21.15-17). Nossas obras são feitas não para alcançar o favor de Deus, mas porque já fomos alcançados por Sua graça (Ef 2.10). O privilégio é o maior estímulo para a responsabilidade (Ef 1.3,4; Jo 15.16; 1Pe 2.4,5,9). Jesus afirmou: "Daquele a quem muito é dado, muito se lhe requererá" (Lc 12.48). Como povo escolhido de Deus, devemos viver de modo digno da vocação que fomos chamados (Ef 4.1).

A Escritura diz que "[...] os dons e a vocação de Deus são irretratáveis" (Rm 11.29). Deus não anula a eleição da graça com Seu povo, por isso, disciplina-o, não para destruí-lo, mas para restaurá-lo. Por sermos filhos, e não bastardos, Deus nos disciplina (Hb 12.7-13). J. A. Motyer corretamente afirma: "Privilégios especiais, obrigações especiais; graça especial, santidade especial; revelação especial, escrutínio especial; amor especial, obediência especial... a Igreja de Deus não pode jamais escapar dos perigos de sua singularidade".[123]

O pecado sempre atrai juízo (3.3-8)

Duas verdades solenes são destacadas por Amós.

Em primeiro lugar, *o pecado jamais ficará sem julgamento* (3.4-6). O profeta Amós menciona cinco parábolas, dando vários exemplos de causa e efeito para ressaltar a mensagem do juízo de Deus dirigido à pecaminosa nação de Israel. Charles Feinberg diz que no mundo natural, na natureza, nada acontece por acidente ou acaso; de igual modo, na esfera dos negócios de Deus há sempre uma causa para cada efeito.[124] J. A. Motyer diz que um "antes e depois" é a característica de todos os versículos centrais (3.4-6). No versículo 4a, o leão ruge pronto para saltar e, no versículo 4b, a presa foi apanhada, e o rosnado da fera está sendo ouvido em sua toca para a qual a carcaça foi levada para servir de alimento; no versículo 5a, a ave cai no laço, e, no versículo 5b, a armadilha se fechou; no versículo 6a, a trombeta faz advertência de um perigo iminente, mas, no versículo 6b, o golpe já foi dado. Esse movimento dos versículos, da ameaça à execução, constitui um poderoso apelo conclusivo da mensagem que Amós acabou de pregar.[125] Quatro solenes verdades devem ser aqui destacadas:

Primeira, a sentença de Deus estava lavrada contra seu povo rebelde (3.4). O leão enquanto busca a sua presa fica em silêncio. Ele ruge quando está para dar o bote fatal. Israel não mais escapará. O juízo divino já foi lavrado, pois o leão já está rugindo. O leãozinho só levanta a sua voz no covil quando a presa já foi apanhada. A verdade encerrada nessa figura é que as predições ameaçadoras do profeta são o efeito, enquanto a causa é o estado pecaminoso da nação, diz Charles Feinberg.[126] É impossível escapar à punição justa do pecado. Há perfeito acordo entre o sentido da mensagem de Amós e a seguinte declaração do apóstolo Paulo: "Não vos enganeis; Deus não se deixa escarnecer; pois aquilo que o homem semear, isso também ceifará" (Gl 6.7).

Segunda, o povo de Deus cai no laço de seu próprio pecado (3.5). Israel é a ave que caiu no laço ou a presa que caiu na armadilha. O povo armou um laço e caiu nele. O homem é apanhado pelas próprias cordas do seu pecado. O que ele semeia, ele colhe.

Terceira, a proclamação do juízo de Deus é como um terremoto (3.6). A trombeta era um instrumento que anunciava a calamidade e a guerra iminente. Quando a trombeta soava na cidade, o povo tremia de medo. A trombeta de Deus estava sendo tocada e o mal estava prestes a chegar. Nada ficará em pé quando Deus visitar o Seu povo em Sua ira. As construções mais sólidas serão destruídas (3.15), e os homens mais valentes perecerão (2.14-16).

Quarta, o juízo contra o pecado é acionado pela própria mão de Deus (3.6b). É Deus quem traz o mal à cidade. Esse mal não é o mal moral, pois Deus não pode praticá-lo (Tg 1.13), mas a calamidade, a guerra, o infortúnio e o desastre iminente (1Sm 6.9; Jr 1.14; Is 45.7). O Senhor Deus é soberano, governador de tudo que acontece, do bem e do mal, diz Crabtree.[127] Foi Deus quem entregou Israel nas mãos da Assíria. Foi Deus quem entregou Judá nas mãos da Babilônia. O ímpio é a vara da ira de Deus para disciplinar o Seu povo rebelde. James Wolfendale diz que o juízo sobre Israel é procedente de Deus, e não de outra fonte; ele é merecido, preparado, executado e sem nenhuma possibilidade de escape.[128]

Em segundo lugar, *o julgamento nunca vem antes do alerta divino* (3.7). Deus não apenas chamou Israel para ser o Seu povo, mas também chamou profetas para falar a essa nação. Antes de Deus enviar o juízo, Ele faz ouvir a voz da advertência. Antes das taças da ira serem derramadas, as trombetas começam a tocar. Antes de o juízo ser consumado, Deus revela Seu propósito aos profetas e levanta-os para pregar ao povo. Deus avisou Noé acerca do dilúvio; falou com Abraão sobre a destruição de Sodoma e Gomorra; preveniu José com referência aos sete anos de fome, e assim fez com seus servos através dos séculos da história de Israel. Até nosso Senhor Jesus advertiu os apóstolos acerca da vindoura desolação de Jerusalém (Lc 21.20-24).[129]

Quando um profeta proclama a Palavra de Deus, é porque Ele está prestes a fazer alguma coisa importante e deseja alertar seu povo (3.7). Amós proclama o rugido do leão (3.8). A voz é de Amós, mas a palavra é de Deus. Toda a Escritura é a trombeta de Deus para alertar o homem que o dia do juízo chegará. O rugido do leão ecoa das páginas da Bíblia. Aqueles que caminham desapercebidos terão de enfrentar inevitavelmente o justo juízo de Deus. Amós golpeava a nação com sua voz, expunha a hediondez de seus pecados, tocava, assim, em todos os pontos nevrálgicos com sua palavra profética. Russell Norman Champlin ilustra esse fato assim:

> Abraham Lincoln, o grande emancipador dos escravos dos Estados Unidos da América, estava condicionado para desempenhar esse trabalho. Quando ainda era jovem, fez uma viagem pelo rio Mississippi, até a cidade de Nova Orleans. Ele trabalhava em uma embarcação que levava cargas àquela cidade, provenientes de cidades do norte. Percorrendo a pé a cidade, aconteceu-lhe encontrar um mercado de escravos. Ali viu homens, mulheres e crianças negras sendo vendidos para quem oferecesse mais dinheiro. Viu famílias sendo rasgadas, e corações sendo despedaçados por essa prática iníqua. E disse em voz alta: "Se eu chegar a ter a oportunidade de ferir essa coisa, haverei de feri-la gravemente". Ele estava destinado a tornar-se um dos presidentes dos Estados Unidos da América, e, quando obteve essa oportunidade, feriu gravemente a escravatura em sua nação.[130]

Assim também aconteceu com Amós. Ele recebeu autoridade da parte de Deus e feriu gravemente a apostasia de Israel. Israel, porém, não lhe deu ouvidos.

O pecado nunca fica escondido (3.9,10)

Os pecados de Israel são denunciados pelo profeta Amós, testemunhados pelas nações pagãs e julgados por Deus. O pecado não ficará escondido. Duas verdades devem ser destacadas:

Em primeiro lugar, *quando o povo de Deus peca até os pagãos se escandalizam* (3.9). Deus convocou testemunhas contra Israel. Warren Wiersbe diz que em seu tempo, o profeta Isaías chamou o céu e a terra para testemunhar contra Judá (Is 1.2), e Amós convocou as nações gentias para testemunhar contra Israel. O pecado de Israel era tão grande que assustava até as nações pagãs, pois, afinal de contas, Israel estava pecando consciente e deliberadamente (1Co 5.1).[131]

É lamentável quando o povo de Deus torna-se repreensível aos olhos dos ímpios. Abraão, em duas ocasiões, mentiu para reis pagãos acerca da sua esposa (Gn 12.10-20; 20.1s). Sansão tornou-se espetáculo e motivo de chacota para os filisteus num templo pagão (Jz 16), e o adultério de Davi com Bate-Seba deu "[...] lugar a que os inimigos do Senhor blasfemem" (2Sm 12.14).

Amós convocou os filisteus (Asdode) e os egípcios para testemunhar o que estava acontecendo em Samaria. Deus chama Asdode, uma cidade que cometeu graves pecados sociais, para testemunhar contra os pecados sociais de Israel. Aqueles que não receberam uma revelação especial julgam o povo que a possui. Da mesma forma, o Egito que já havia oprimido a Israel é chamado para testemunhar e para julgar suas crueldades. Os menos culpados são chamados para julgar os mais culpados. Aqueles que não receberam revelação especial nem foram redimidos julgam o povo da aliança. Eis um povo sem revelação e sem redenção; e, aqui, outro cheio de graça e luz de Deus, e o primeiro pode julgar o segundo por perturbar a comunhão da boa ordem social e por desprezar e desvalorizar seus semelhantes.[132]

Em segundo lugar, *quando o povo de Deus se entrega ao pecado, ele se torna pior do que os ímpios* (3.10). A cidade de Samaria estava cheia de tumultos e opressão (3.9). Os castelos estavam cheios de violência e devastação (3.10). Israel não sabia mais fazer o que era reto (3.10). O afastamento deliberado de Deus empurrou o povo para a degradação moral. A impiedade desemboca na perversão (Rm 1.18). O pecado cauteriza a consciência, calcifica o coração e tira da alma toda a sensibilidade espiritual. Os israelitas estão vivendo no pecado de forma contumaz e incorrigível. Eles perderam o temor de Deus e o amor pelo próximo. Viam os pobres como alguém que deviam explorar e esmagar. Eles só buscavam a segurança e o conforto da riqueza, mesmo que essa riqueza fosse desumanamente roubada dos pobres.

O pecado nunca fica sem punição (3.11-15)

J. A. Motyer alerta para o fato de esquecer-nos de que o nosso Deus pode se tornar nosso inimigo (Is 63.10) e, com toda nossa conversa de tomar cuidado para não cair sob o poder de Satanás, ficamos cegos para a possibilidade, muito mais perigosa, de perder o poder de Deus.[133] A Bíblia diz que horrenda coisa é cair nas mãos do Deus vivo. Destacamos quatro pontos importantes:

Em primeiro lugar, *quem não escuta a voz de Deus, terá de suportar a vara de Sua disciplina* (3.11). Israel desviou-se de Deus deliberadamente por 209 anos. Nesse tempo, dezenove reis, em oito dinastias, assumiram o trono para só liderar ainda mais a nação para longe de Deus. O Senhor enviou profetas para admoestar a nação, mas esta tapou os ouvidos de alguns deles, perseguiu e prendeu outros e matou outros ainda. Agora, então, Deus entrega Seu povo nas mãos do rei da Assíria para serem levados para o cativeiro. O homem que muitas vezes é corrigido e não se humilha será quebrado repentinamente sem que haja cura (Pv 29.1).

Em segundo lugar, *Deus é o agente do julgamento de Seu próprio povo* (3.14,15). Deus se torna o maior inimigo de Israel. O juízo que desaba sobre a nação rebelde procede do próprio Deus. O que o homem semeia, ele colhe. O mal que ele pratica, cai sobre a sua própria cabeça. O mal que ele pratica contra o pobre, o fraco e o indefeso será, agora, punido inexoravelmente pelo grande juiz de toda a terra. Os tribunais que ele subornou, comprando sentenças por dinheiro, não poderão livrá-lo do justo tribunal de Deus.

Em terceiro lugar, *o julgamento de Deus perscrutará todas as áreas da nação* (3.11-15). O que o homem faz em oculto virá à plena luz. Nada pode ficar escondido aos olhos onisicientes de Deus. Ele tudo conhece, e tudo julga retamente. Quais foram as áreas de abrangência do julgamento de Deus?

Primeira, Deus julgou a vida moral da nação (3.11). A cidade de Samaria era um antro de corrupção e de violência. Os reis eram maus; os juízes, gananciosos e injustos; os ricos, avarentos e violentos; as mulheres, fúteis e amantes do prazer. A cidade estava entregue à volúpia e a luxúria.

Enquanto os pobres espoliados amargavam as agruras da fome, os ricos se refestelavam com vinhos caros, em camas de marfim, na segurança de seus castelos. Israel tornou-se um povo tão corrompido que não sabia mais fazer o que era certo (3.11). James Wolfendale, falando sobre a culpa da nação, diz que eles perderam a sensibilidade moral, perverteram publicamente a justiça e cometeram fraudes desavergonhadamente.[134]

Segunda, Deus julgou a ganância insaciável dos ricos (3.11,15). O juízo de Deus sobre Samaria poria fim ao luxo e à arrogância. As casas mais ricas estavam entrando em colapso. Os verdadeiros símbolos da riqueza e da opulência dos poderosos se tornariam pó.

Os ricos, cheios de ganância e avareza, haviam acumulado grandes fortunas. A avareza é o desejo insaciável de ter mais, sempre mais, inclusive o que é do outro. A ganância dos ricos, mancomunados com juízes corruptos, trouxe à aristocracia de Israel uma riqueza ostensiva. Enquanto o povo vivia na miséria, os ricos tinham casas de inverno, casas de verão, casas de marfim e grandes casas ou castelos. Eles se refugiavam nesses palácios ricamente adornados e fortemente protegidos, pensando que o mal jamais entraria pelos portões bem protegidos de seus castelos. Estavam como o rico insensato da parábola de Jesus, pensando erradamente que a riqueza pudesse lhes dar segurança (Lc 12.12-21). Mas eles não se aperceberam que ninguém peca impunemente contra Deus. O juízo pode parecer tardio, mas ele virá certamente. O dia de Israel chegou. A Assíria com seus exércitos sedentos de sangue invadiu a cidade de Samaria, saqueou-a e destruiu todos os símbolos da força e do poder daquela nação pecaminosa. Isso ocorreu em 722 a.C., quando os assírios invadiram Israel. Os israelitas haviam explorado uns aos outros, mas seriam despojados por uma nação pagã e gentia. Colhemos aquilo que semeamos.[135]

Amós usou uma ilustração da vida pastoril para revelar a gravidade do que estava para acontecer a Israel (3.12). De acordo com Êxodo 22.10-13, se um leão tomasse um carneiro e o despedaçasse, o pastor devia trazer o que havia sobrado para provar que a ovelha estava, de fato, morta (Gn 31.39). Era uma espécie de garantia que o pastor não roubava o dono do rebanho. Motyer diz que tal procedimento; era apenas a evidência de algo que fora antes, mas já não é mais.[136] O versículo 12 fala que assim serão salvos os filhos de Israel que habitam em Samaria, com apenas o canto da cama e parte do leito. Camas, leitos, travesseiros resumem a vida e os hábitos do povo. Sensualidade, luxo, ociosidade, cuidados com o corpo, mas nenhuma evidência de religião, nenhuma espiritualidade. Eles tinham vivido apenas para os deleites do corpo. O deus deles era o prazer. Viviam movidos pelo hedonismo. Assim, Deus se afasta deles e os entrega à Assíria.[137]

Quando a Assíria terminasse de arrasar Israel, só restaria um pequeno remanescente do povo. Depois de três anos de cerco, finalmente no ano 722 a.C., a Assíria tomou Samaria, incendiou seus palácios, destruiu suas casas, passou ao fio da espada milhares de israelitas, deportou outros tantos e trouxe para aquela terra cativos de outras nações, formando, assim um povo híbrido e mestiço; chamado samaritano (Jo 4.9,19-24). Amós deixou claro que a Assíria era apenas a vara da ira de Deus, castigando o Seu povo por causa de seus pecados.

O próprio Deus derrubou essas fortalezas, símbolos do luxo, da opulência, da riqueza e da pretensa segurança da nação. A mão que jogou ao chão as casas de inverno, de verão, de marfim e as grandes casas foram as mãos dos soldados assírios, mas a mão que os dirigia nessa destruição era a mão onipotente de Deus.

Terceira, Deus julgou o pecado da injustiça social da nação. Em Samaria havia tumultos e opressões (3.9). Nos castelos dos reis e dos nobres havia violência e devastação (3.10). A cidade estava cheia de transgressões (3.14). Durante dois séculos, o pecado da injustiça social, da violência impune, da ganância criminosa, da riqueza ilícita, da opressão ao pobre cresceu enormemente em Israel. Os ricos, por meio da violência e da devastação, armazenavam, entesouravam, preservavam, guardavam os meios de sua própria destruição. Quando os ricos exploram os pobres, essa riqueza injusta se transforma em combustível para queimar sua própria carne (Tg 5.3). Os profetas de Deus tocaram a trombeta, mas o povo não atendeu à voz de Deus. Agora, o leão ruge. A presa será inevitavelmente apanhada. O tempo do juízo chegara. A sentença de condenação já estava lavrada.

Em quarto lugar, *Deus julgou o pecado religioso de Israel* (3.14). Betel era o santuário do rei e o templo do reino (7.13). O culto fora deturpado. Betel era o centro da idolatria em Israel. Era a fonte principal de suas vãs superstições. Um julgamento especial é pronunciado contra o centro religioso, Betel, e contra o centro político, Samaria. A idolatria provoca a ira de Deus e atrai Seu justo juízo.

O rei Jeroboão I, numa jogada política para afastar os seus súditos de Jerusalém e do culto no templo, estrategicamente lançou mão da religião para servir aos seus egoísticos interesses políticos. Ele fez dois bezerros de ouro e colocou um em Dã e outro em Betel e, assim, o sincretismo religioso tomou conta da nação (1Rs 12.28). Ele levou o povo a confundir o visível com o Invisível. Ele identificou Deus com o bezerro, o Criador com a criatura. Na prática cananita, o bezerro era o símbolo da fertilidade. Sob a liderança de Jeroboão I, o povo escolheu um caminho imoral de prosperidade. A verdade foi torcida, a revelação adaptada para encaixarem-se nos interesses inescrupulosos de um líder político e, assim, a religião foi profanada. Motyer diz que Jeroboão I foi um rebelde político (contra a casa de Davi), um cismático religioso (contra o culto de Jerusalém) e um herético teológico (contra a verdade divina). Ele foi levado pelo expediente político, mas preferiu estender sua rebelião aos campos religioso e teológico.[138] Era uma mistura do culto divino com práticas pagãs. A idolatria perverteu a teologia e profanou o culto. O julgamento de Deus alcança os altares de Betel. Uma religião que se desvia da verdade não agrada a Deus, ao contrário está sob Seu juízo. Ninguém pode encontrar refúgio numa religião idólatra no dia da calamidade. As pontas do altar estarão cortadas. J. A. Motyer elucida esse ponto, quando escreve:

> O versículo 14 reflete a suposição pagã de que se agarrar às pontas do altar dava à pessoa (não importa o que tivesse sido anteriormente) uma sacrossantidade, mas no dia em que esse asilo for mais dolorosamente necessário, descobrirão que até mesmo o imaginado refúgio desapareceu: o altar está sem pontas. Com um toque, o mais caprichado possível, Amós denuncia todo o fracasso da religião do povo na proteção contra o desastre. Se traduzirmos *Betel*, no versículo 14, teremos a seguinte seqüência interessante: "[...] casa de Deus[...] casa de inverno[...] casa de verão[...] casas de marfim[...] grandes casas...". Onde a religião não tem poder, tudo fica sem poder; quando a casa de Deus é derrubada, nenhuma casa fica em pé.[139]

Notas do capítulo 4

113 WIERSBE, Warren W. *Comentário bíblico expositivo*, vol. 4. Geográfica Editora. Santo André, SP. 2006, p. 433.
114 KEIL, C. F. *Commentary on the Old Testament*, vol. X, William B. Eerdmans Publishing Company, p. 258.
115 MOTYER, J. A. *O dia do leão*, p. 53,54.
116 FEINBERG, Charles L. *Os profetas menores*, p. 93.
117 WIERSBE, Warren W. *Comentário bíblico expositivo*, vol. 4, p. 433.
118 FEINBERG, Charles L. *Os profetas menores*, p. 93.
119 FEINBERG, Charles L. *Os profetas menores*, p. 93.
120 CRABTREE, R. A. *O livro de Amós*, p. 77.
121 MOTYER, J. A. *O dia do leão*, p. 54,55.
122 CRABTREE, R. A. *O livro de Amós*, p. 76.
123 MOTYER, J. A. *O dia do leão*, p. 55.
124 FEINBERG, Charles L. *Os profetas menores*, p. 93.
125 MOTYER, J. A. *O dia do leão*, p. 57,58.
126 FEINBERG, Charles L. *Os profetas menores*, p. 94.
127 CRABTREE, R. A. *O livro de Amós*, p. 79.
128 WOLFENDALE, James. *The preacher's complete homiletic commentary*, vol. 20, p. 261.
129 FEINBERG, Charles L. *Os Profetas Menores*, p. 94.
130 CHAMPLIN, Russell Norman. *O Antigo Testamento interpretado versículo por versículo*, vol. 5, p. 3514.
131 WIERSBE, Warren W. *Comentário bíblico expositivo*, vol. 4, p. 434.
132 MOTYER, J. A. *O dia do leão*, p. 73.
133 MOTYER, J. A. *O dia do leão*, p. 69.
134 WOLFENDALE, James. *The preacher's complete homiletic commentary*, vol. 20, p. 265.
135 WIERSBE, Warren W. *Comentário bíblico expositivo*, vol. 4, p. 436.
136 MOTYER, J. A. *O dia do leão*, p. 74.
137 MOTYER, J. A. *O dia do leão*, p. 75.
138 MOTYER, J. A. *O dia do leão*, p. 76.
139 MOTYER, J. A. *O dia do leão*, p. 69,70.

Capítulo 5

O povo diante do tribunal de Deus
(Am 4.1-13)

Era 31 de outubro de 1996, às 8h30 no aeroporto de Congonhas, São Paulo. Os alto-falantes anunciavam a partida do vôo 402 da TAM para o Rio de Janeiro. O aeroporto estava agitado como nos outros dias. Tudo estava normal. Homens de negócios, escritores, artistas, estudantes, advogados, médicos, comerciantes, empresários, donas-de-casa e conferencistas com a agenda cheia se apresentavam para o embarque.

Na vizinhança, o dia começava como qualquer outro. São cerca de quatrocentos vôos que chegam e saem todos os dias. O ronco das turbinas já é um som natural daqueles arredores. Naquela manhã, os vizinhos do aeroporto acordaram cedo, tomaram café e levaram as crianças para a escola. Alguns foram para o trabalho mais cedo; outros ficaram em casa, acordaram mais tarde, escovaram os dentes, ligaram a televisão, conversaram, discutiram, brigaram, planejaram e trabalharam. Nesse dia 31 de outubro, parecia que a rotina seria a mesma de todos os dias.

"Atenção senhores passageiros do vôo 402 da TAM com destino ao Rio de Janeiro. Última chamada. Dirijam-se ao embarque imediatamente. Última chamada. Embarque imediato." Às 8h30 da manhã, a porta do Fokker 100 da TAM fecha as portas. O comandante dá as boas-vindas aos passageiros. O tempo está bom. A viagem será rápida e segura. A comissária de bordo fala sobre as normas internacionais de segurança, enquanto quase todos lêem jornais e revistas. A aeronave começa a se mover para a cabeceira da pista. O comandante, a seguir, dá sua última instrução: "Tripulação, preparar para a partida". O avião dispara e começa a voar. Uma pane, uma falha, o avião não se apruma no ar. Não tem tempo para fazer mais nada. O avião fica desgovernado enquanto os passageiros e tripulantes entram em desespero. Aquela aeronave, que deveria rasgar o espaço e descer no Rio de Janeiro, caiu sobre as casas ao redor do aeroporto e explodiu; pegou fogo e, em poucos segundos, houve desabamentos, dezenas de corpos soterrados, queimados e carbonizados. Cento e duas pessoas morreram. Aquele era o vôo da morte. Aquele era um vôo para a eternidade. Oito horas e trinta e quatro minutos, todos os que estavam a bordo, tinham voado para a presença de Deus e estavam agora diante do trono do Deus Todo-poderoso.

Amós 4 nos fala de um encontro com Deus. Quais foram os pecados que levaram a esse acerto de contas?

James Wolfendale diz que esses pecados podem ser alistados como segue: 1) Opressão aos pobres (4.1-3); 2) Corrupção na adoração (4.4,45); 3) Incorrigibilidade sob divino julgamento (4.6-11).[140]

A corrosão dos valores morais (4.1-3)

Israel estava vivendo obstinadamente no pecado. Tornara-se pior do que as nações pagãs. Tinha caído num poço mais profundo do que aqueles que sempre viveram mergulhados nas trevas. Amós menciona alguns desses terríveis pecados:

Em primeiro lugar, *o culto ao corpo* (4.1). Basã é o território situado a leste do rio Jordão, entre o monte Hermom e as montanhas de Gileade. As vacas de Basã eram notórias por sua condição de bem nutridas e fortes, porque as pastagens dessa região eram luxuriantes (Dt 32.14; Sl 22.12; Ez 39.18).[141] Nessa região, as reses eram famosas pela sua beleza e carne. Ao chamar as mulheres de Samaria de vacas de Basã, Amós diz que elas só se preocupavam com o corpo, com a aparência, com a sensualidade e com o prazer.

Crabtree diz que o pejorativo *vacas de Basã* é bastante forte e picante, indicando o poder e a influência das mulheres elegantes na corrupção da vida social e econômica do povo de Israel.[142] Amós diz a essas mulheres que elas, à semelhança das vacas de Basã, engordam para o abate.[143] Era uma geração hedonista que vivia para atender aos desejos do corpo. Vivia para o luxo. Vivia para gratificar os ditames da carne. As mulheres de Samaria eram como o escol do gado, contentes com uma existência puramente animal, e não desejavam nada mais. Era o corpo, e não a alma, que preenchia as suas horas ativas. Hoje vivemos numa geração que idolatra o corpo. É o culto ao corpo.

Warren Wiersbe diz que o luxo pode ser identificado quando as pessoas com abundância de dinheiro, de tempo e de conforto usam tudo isso para satisfação própria, para um constante lazer desproposital. Viver no luxo é ser controlado pelos bens. É usar o que temos para nosso próprio deleite, ignorando as necessidades dos outros.[144]

Em segundo lugar, *a busca desenfreada do prazer* (4.1). As mulheres viviam entregues à bebedeira. Entregavam-se aos excessos, em festas caras e requintadas. A vida girava em torno do prazer. Essas "mulheres da sociedade" passavam todo o dia ociosas, bebendo vinho e dizendo aos maridos o que fazer. A prosperidade material sem o temor de Deus torna as pessoas extravagantes e tirânicas. Elas buscam o prazer a qualquer preço. Elas são insaciáveis e irrequietas.

Em terceiro lugar, *a ganância insaciável aliada à opressão do pobre* (4.1). As mulheres instruíam e empurravam seus maridos para tomar o pouco do pobre a fim de alimentarem sua ganância e satisfazerem a seus desejos carnais. A sociedade em que essas mulheres eram as determinantes não passava de um grupo que florescia nas misérias e nas indignidades acumuladas sobre os indefesos. Os pobres e os necessitados eram despojados e oprimidos sem escrúpulos de consciência.[145]

As mulheres de Samaria se entregaram a dois graves delitos: não apenas viviam de forma fútil, mas também o fiziam às custas dos pobres. Os ricos empregaram formas sórdidas de acumular riquezas. O luxo de suas casas e as taças de vinho reluzentes eram o pão arrancado da boca do pobre. A fim de usufruir o luxo, essas mulheres oprimiam e esmagavam os pobres. O apóstolo Paulo exorta os ricos a praticarem o bem e serem ricos de boas obras (1Tm 6.17-19).

Em quarto lugar, *a inversão dos papéis no casamento* (4.1). Os homens são mandados pelas mulheres e o fazem pelos piores motivos. Essas matronas vivem no luxo e empurram seus maridos para a linha perigosa da opressão ao pobre. Seus maridos eram contínuamente instados a proporcionar-lhes tudo que necessitassem para suas festanças, bebedeiras e bacanais, diz Feinberg.[146] J. A. Motyer diz que as mulheres são as que determinam o rumo da sociedade. Elas sempre foram as guardiãs finais da moral, da moda e dos padrões. Amós pode tomar o pulso da sociedade examinando suas mulheres típicas.[147]

Amós diz que não está longe do juízo de Deus a terra cuja feminilidade é degradada, e tal era Samaria nos dias de Amós, diz Charles Feinberg.[148]

Em quinto lugar, *o justo juízo de Deus sobre o pecado* (4.2,3). Amós fala sobre duas coisas solenes nesses dois versículos:

Primeira, o juramento de Deus (4.2). O pecado jamais fica impune. Deus jura por Sua própria santidade que os opressores serão oprimidos. A santidade de Deus é o que faz Deus o que Ele é. A. B. Davidson diz que a santidade não é uma palavra que expressa qualquer atributo da divindade, mas expressa a própria divindade.[149] Rowley diz que o homem teme quando se coloca diante de Deus, não por causa da consciência da sua humanidade na presença do divino poder, mas por causa da consciência do seu pecado na presença da pureza moral de Deus.[150] J. A. Motyer diz que a questão de jurar "por" alguma coisa naturalmente significa acrescentar uma nota de certeza ao juramento. É o equivalente a dizer: "O juramento que faço é tão certo quanto a existência daquilo pelo qual o faço". Deve ser algo de grande peso intrínseco e de grande urgência que a própria natureza de Deus tenha de ser invocada para apoio. O que afrontou a Deus a tal ponto? Uma sociedade e uma religião organizada com base na auto-satisfação humana.[151] Tanto a abastada casa samaritana (4.1-3) quanto os freqüentados templos de Betel e de Gilgal (4.4,5) estão organizados para a mesma finalidade. Tudo está organizado pelo ego e para o ego.[152]

Os que oprimem o pobre para viverem nababescamente serão saqueados e levados cativos.

Segunda, o cativeiro humilhante (4.2,3). Aquelas mulheres que viviam nas altas rodas, com roupas caras, com jóias reluzentes, deliciando-se em festas regadas de vinho, seriam arrastadas pelas ruas da cidade com fisgas, como se fossem peixes presos pelos anzóis. Elas seriam tratadas como gado que vai para o matadouro. Era costume dos assírios colocar ganchos no nariz ou no lábio inferior dos prisioneiros, amarrá-los a cordas e puxá-los como animais, quer para o cativeiro, quer para a morte. Era isso que o inimigo faria com as matronas ricas de Samaria.[153]

A hipocrisia na prática religiosa (4.4,5)

Tanto a vida social quanto a vida religiosa eram governadas pelo mesmo princípio, o hedonismo. Eles faziam tudo não para agradar a Deus, mas agradar a si mesmos. A religião deles perdeu seu propósito de glorificar a Deus e passou a ser mais um instrumento para satisfazer aos seus próprios caprichos.

Amós faz um diagnóstico da religiosidade israelita:

Em primeiro lugar, *uma religião eivada pelo sincretismo* (4.4,5). O rei Jeroboão I construiu novos santuários em Betel e Dã e ali introduziu um bezerro de ouro para o povo adorar. O culto foi paganizado. A idolatria foi assimilada no culto. O povo queria chegar até Deus por meio de um ídolo. Houve uma mistura do culto cananita (adoração do bezerro) com o culto ao Senhor. A religião israelita tornou-se sincrética.

Os sacrifícios que eles traziam eram impuros, pois ofereciam coisas com fermento no altar, o que era proibido por Deus (Lv 2.11; 6.17). O culto é bíblico ou anátema. Deus não quer sacrifício, Ele requer obediência (1Sm 15.22,23). Não podemos sacrificar a verdade para atrair as pessoas à igreja, nem podemos acrescentar coisa alguma aos preceitos de Deus porque gostamos dessas coisas. O pragmatismo se interessa pelo que dá certo, e não pelo que é certo. Ele busca o que dá resultados, e não o que é verdade. Ele tem como objetivo agradar o homem, e não a Deus.

Hoje vemos florescer o sincretismo religioso. Práticas pagãs são assimiladas nas igrejas para atrair as pessoas. Cerimônias e ritos totalmente estranhos à Palavra de Deus são introduzidos no culto para agradar o gosto dos adoradores. O sincretismo está na moda. Mas ele ainda continua provocando a ira de Deus!

Em segundo lugar, *uma religião fortemente ritualista* (4.4,5). A expressão externa do culto era meticulosamente observada. Eles faziam seus sacrifícios, traziam suas ofertas, entregavam o dízimo, celebravam suas festas, mas tinham perdido o foco. Pensavam que Deus se agradava de seus ritos ao mesmo tempo em que andavam em escandalosas práticas de pecado. Oferta sem vida é abominação para Deus. Primeiro, apresentamos a vida no altar, depois, trazemos nossa oferta. Se Deus rejeitar a vida, Ele não aceita a oferta. Deus rejeitou Caim e sua oferta. Deus rejeitou os filhos de Eli e, por isso, a arca da aliança foi roubada. Deus rejeitou o povo de Judá e, por isso, disse que estava cansado do culto deles. Deus rejeitou os sacerdotes do pós-cativeiro e, por isso, disse que eles estavam acendendo o fogo inutilmente em sua casa.

Ainda hoje muitos pensam que as observâncias externas são as coisas mais importantes da religião. Há muito zelo pela forma, e pouco cuidado com a vida. Há muito cuidado com a tradição, e pouco zelo com a verdade. Há muita preocupação com a forma, e quase nenhuma com a motivação. Contudo, essas exterioridades são meios, e não fins. Se elas vieram separadas de um coração penitente e contrito, são meios de condenação, e não de salvação.

Em terceiro lugar, *uma religião eminentemente humanista* (4.4,5). É admirável que indivíduos tão maus não só observassem as exterioridades da religião, mas o fizessem com prazer, diz Bowden.[154] A motivação do culto em Betel e em Gilgal não era glorificar a Deus, mas agradar a eles mesmos. A religião não era uma expressão de adoração, mas de autogratificação. A religião não era um meio de se humilharem diante do Todo-poderoso, mas de fazerem cócegas em sua própria vaidade carnal. Eles oprimiam os pobres e bebiam vinho porque gostavam disso. Eles iam ao templo não para buscar a Deus, mas porque gostavam disso. Tudo girava em torno deles mesmos. Suas músicas, seus ritos e seus sacrifícios eram apresentados não a Deus, mas a eles mesmos.

J. A. Motyer diz que é significativo que nas referências às obras religiosas e aos rituais deles não houvesse nenhuma menção da oferta pelo pecado. Auto-satisfação e egoísmo declaram a morte do arrependimento; e a ausência de arrependimento prenuncia a morte da verdadeira religião. Eles queriam uma religião que agradasse a eles mesmos, enquanto o Senhor queria uma religião que trouxesse o Seu povo de volta para Si.[155]

Warren Wiersbe diz que o povo do tempo de Amós não voltava de suas peregrinações ao templo para casa decidido a ajudar os pobres, a dar de comer aos famintos e a cuidar das viúvas e dos órfãos. Voltava com o mesmo coração endurecido que havia saído de casa, pois sua "adoração" não passava de um ritual vazio (Is 1.11-17). Qualquer "reavivamento" religioso que não muda as prioridades dos cristãos nem ajuda a resolver os problemas da sociedade não é, de fato, "reavivamento".[156]

Em quarto lugar, *uma religião debaixo do desgosto e da reprovação de Deus* (4.4,5). O profeta Amós se dirige aos peregrinos de forma irônica: "Vinde a Betel, e transgredi; a Gilgal, e multiplicai as transgressões..." (4.4). J. A. Motyer diz que o tom de Amós é de zombaria e de ironia, sem dó. Amós zomba do convite à peregrinação, do hino que os peregrinos cantam enquanto caminham: *Vinde a Betel;* ele zomba de seus propósitos, dizendo-lhes que o resultado do exercício será apenas a transgressão multiplicada pela transgressão; ele zomba da meticulosidade ritualista deles nos sacrifícios e nos dízimos.[157] Quanto mais religiosos eles se tornavam, mais longe de Deus andavam. Quanto mais egocêntricos, mais afastados da graça. Quanto mais zelosos em seus ritos, mais prisioneiros de seus pecados.

Betel significa "Casa de Deus", lugar de encontro com Deus e de transformação de vida. Aquele era um lugar muito especial para o povo judeu por causa de sua relação com Abraão (Gn 12.8; 13.3) e com Jacó (Gn 28.10-22; 35.1-7). Mas agora Betel era o "santuário do rei", onde Amazias, o sacerdote, servia (7.10-17). Eles vinham a Betel para pecar. Vinham para transgredir. Eles freqüentavam o templo, mas não adoravam a Deus. Eles traziam ofertas, mas não o coração. Hoje, semelhantemente, há um batalhão de gente na igreja sem conversão. Quem não é santo, não é salvo. Deus nos salva do pecado, e não no pecado (1Jo 2.3; 3.6,9; 5.18).

Gilgal significa o lugar da posse da bênção, o lugar da conquista e da vitória. Todavia, eles vinham a Gilgal e voltavam vazios, derrotados pelos seus pecados. Eles só vinham para multiplicar as suas transgressões. Assim, muitas pessoas estão na igreja, mas caminham para a morte.

Warren Wiersbe diz que as aparências indicavam que Israel passava por um reavivamento espiritual. Multidões se dirigiam aos lugares sagrados (5.5), levando sacrifícios e dízimos (4.4; 5.21,22) e até entoando cânticos de louvor ao Senhor (5.23; 6.5; 8.3,10). Eles ofereciam sacrifícios com mais freqüência do que era requerido pela lei, como se quisessem provar o quanto eram espirituais.[158] Mas Deus, que sonda as intenções, via em todos aqueles rituais sagrados apenas a multiplicação das transgressões!

A obstinação diante da disciplina (4.6-11)

Charles Feinberg diz que a lista dos castigos nos versículos 6 a 11 revela não só a obstinação pecaminosa de Israel, mas também o incansável e inexaurível amor de Deus.[159] J. A. Motyer diz que enquanto os israelitas estiveram ocupados fazendo dinheiro, armazenando-o para o futuro e sendo extraordinariamente religiosos, Deus, por sua vez, estivera ocupado também com a estranha ocupação de enviar a fome (4.6) e a seca (4.7), doenças e praga de gafanhotos (4.9), epidemias (4.10a), guerra (4.10b) e terremoto (4.11).[160] Deus usou todos os meios para chamar Seu povo ao arrependimento. Quando deixamos de atender à voz do amor, Deus usa a vara da disciplina. Duas verdades saltam aos nossos olhos nessa porção da Escritura:

Em primeiro lugar, *o contínuo chamado de Deus ao arrependimento* (4.6-11). O profeta Amós enumera várias formas sérias da disciplina de Deus, chamando Seu povo ao arrependimento:

Primeira, a fome (4.6). A expressão "limpeza de dentes" significa fome. Esse era o castigo para a quebra da aliança (Lv 26.27-31; Dt 28.1-11).

Segunda, a seca (4.7,8). A obediência à aliança era premiada com chuvas abundantes (Lv 26.18-20; Dt 11.16,17; 28.23,24), mas a desobediência era castigada com a seca. Deus é o Senhor do tempo e Ele pode dar chuva aqui e retê-la ali. Não existe acaso, sorte para uns e azar para outros (4.7b,8), mas sim a ação da mão divina. Tudo na terra vem do Deus que governa e reina no céu, diz Motyer.[161]

Terceira, a destruição das colheitas (4.9). Deus destruiu as colheitas com crestamento, ferrugem e gafanhotos. Mais uma vez Deus era fiel às advertências de Sua aliança (Dt 28.38-42).

Quarta, a enfermidade (4.10a). Uma das promessas de Deus era que seu povo não sofreria das terríveis doenças que haviam visto no Egito, se fossem fiéis em obedecer à Sua lei (Êx 15.26); mas caso se rebelassem contra Ele, sofreriam de todas as enfermidades do Egito (Lv 26.23-26; Dt 28.21,22,27-29,35,59-62).

Quinta, a guerra (4.10b). Para aquela pequena nação cercada de grandes impérios, havia uma promessa de vitória nas batalhas, caso o povo permanecesse fiel à aliança (Dt 28.7; Lv 26.6-8); porém, caso o povo violasse a aliança seria humilhado e derrotado pelos inimigos (Lv 26.32-39; Dt 28.49-58). Essa derrota seria tão esmagadora que os mortos ficariam insepultos. Tanto Israel quanto Judá, por desobedecerem a Deus e violarem Sua aliança, foram derrotados pela Assíria e pela Babilônia respectivamente.

Sexta, a catástrofe (4.11). Não podemos precisar se essa subversão era um terremoto (1.1) ou a invasão dos exércitos assírios. De qualquer forma, foi algo terrível a ponto de Amós compará-lo com o que aconteceu com Sodoma e Gomorra (Gn 19.24,25; Dt 29.23; Is 1.9; 13.19). A imagem do tição tirado do fogo mostra a misericórdia de Deus salvando Seu povo na última hora (Zc 3.2). Motyer citando Pusey diz que é uma grande dádiva de Deus que Ele possa cuidar de nós a ponto de nos castigar.[162] Isto porque o arrependimento é o portal da vida. A religião sem arrependimento mata, mas a religião centralizada no arrependimento dá a vida.

Em segundo lugar, *a contínua obstinação do povo* (4.6-11). Israel não ouviu a voz dos profetas nem a voz da disciplina. Cinco vezes Amós repetiu a mesma resposta do povo ao chamado de Deus: "Contudo não vos convertestes a mim, diz o Senhor" (4.6,8,9,10,11). O coração impenitente entesoura ira para o dia do juízo. À semelhança de Faraó, eles endureceram ainda mais o coração aos apelos de Deus. Nem a abastança nem o sofrimento produziram neles o verdadeiro arrependimento.

Deus ainda hoje usa Sua providência para falar ao povo e chamá-lo ao arrependimento. Os fenômenos naturais e os acontecimentos históricos são trombetas de Deus chamando o homem a voltar-se para Ele. Não há nada mais perigoso do que passar pela vida sem se converter a Deus.

A obstinação do povo de Israel pode ser percebida por três motivos, segundo Edgar Henry:[163]

Primeiro, eles se recusaram a crer que suas punições tinham relação com seu pecado. Eles atribuíam essas calamidades a fatores naturais ou até a causas acidentais.

Segundo, o sofrimento por si mesmo não pode levar o pecador ao arrependimento. O mesmo sol que amolece a cera, endurece o barro. O mesmo sofrimento que a uns quebranta, a outros endurece. Os ímpios quando afligidos blasfemam ainda mais contra Deus, em vez de se voltar para Ele (Ap 16.10,11).

Terceiro, o amor ao pecado é mais forte do que o temor do sofrimento. O diabo é enganador, e o pecado, uma fraude. O diabo promete felicidade através do pecado, mas este traz a ruína e a morte. O povo preferiu fugir de Deus em direção ao pecado, do que do pecado para Deus.

O inevitável juízo de Deus (4.12,13)

O profeta Amós enfatiza cinco verdades aqui:

Em primeiro lugar, *a certeza do juízo* (4.12). Charles Feinberg afirma: "Visto como todos os castigos anteriores não produziram os frutos de arrependimento e fé, Deus diz: Assim te farei ó Israel".[164] Deus é fiel e verdadeiro em Suas promessas e também em seus juízos. O que Ele fala, Ele cumpre. A obstinação no pecado desemboca em juízo inevitável. O homem que viveu ao arrepio da lei de Deus terá de comparecer diante do tribunal de Deus para prestar contas de sua vida.

Um pouco mais, e o juízo chegará. Mais um pouco de tempo, e sua oportunidade findará. A um cavalheiro que agonizava num hospital foi feita a pergunta: "Para onde vai o senhor?". E a resposta foi imediata: "Estou no trem que me conduzirá à eternidade".

E a eternidade lança sentimentos profundos em nosso coração. Ali você estará em deleite ou em agonia para todo o sempre. É conhecida a expressão do avivalista Oswald Smith:

> O sol no firmamento distante chegará ao fim de sua jornada, a lua empalidecerá, e as estrelas se apagarão, mas para você não haverá fim, mas uma eternidade. Mil décadas serão apenas o começo; um milhão de anos será apenas mais um pouquinho, pois o tempo, tempo interminável, a eternidade, vastíssima, insondável eternidade se estenderá à sua frente.

Jesus falou de um homem que se preparou para viver, mas não se preparou para morrer. Ajuntou bens e disse: "Agora, ó minha alma regala-te por longos anos". Mas enquanto refestelava-se com sua abundância, ouviu uma voz a trovejar-lhe na alma: "Insensato, esta noite te pedirão a tua alma; e o que tens preparado, para quem será?" (Lc 12.20).

Outro homem vivia em banquetes, festas e rodas sociais, sempre rodeado de muitos amigos. Vestia-se com linho e púrpura. Viveu longos anos, mas esqueceu-se de sua alma, da viagem derradeira que faria, afinal, rumo à eternidade. E no inferno foi parar. Em sua vida neste mundo tinha lugar para tudo, menos para Deus, e sem Deus empreendeu a viagem para o sofrimento eterno.

Em segundo lugar, *o encontro com o Deus do juízo* (4.12). Tudo o que fazemos está registrado nos anais do céu. Naquele dia, os livros serão abertos e seremos julgados pelos nossos pecados: palavras, obras, omissão e pensamento. Ai daquele que partir para essa viagem rumo à eternidade sem estar preparado. Ali estará o grande Trono Branco. O juiz está assentado. Todo o céu e a terra se reúnem. Milhões inumeráveis com a respiração suspensa e com espanto presenciam a terrível cena. Com uma expressão de terror no rosto, eles esperam. Entrará em cena o drama final da História. Chegou o dia do juízo.

Eles vêm das grandes batalhas, das profundezas dos oceanos, das cinzas, de inumeráveis cemitérios há muito esquecidos. Eles agora têm de enfrentar a ira do Cordeiro. Não há socorro. Os céus encolhem como pergaminho. Esse é o dia do juízo.

São abertos os livros. Tudo que você falou, fez, deixou de fazer e pensou está registrado. Seus pecados encobertos estão ali escritos. Naquele dia, Deus julgará os segredos do seu pecado. Finalmente, o livro da vida será aberto. "E todo aquele que não foi achado inscrito no livro da vida, foi lançado no lago de fogo" (Ap 20.15) Em vão os que não se converteram buscarão encontrar seus nomes. Extinguiu-se a última oportunidade.

Em terceiro lugar, *a necessidade de preparo para o juízo* (4.12). Um famoso rei da antiguidade tinha em sua corte um palhaço que era chamado de BOBO, um homem cheio de humor, que alegrava a todos os familiares da casa real. O rei um dia disse para o palhaço: aqui está uma varinha. No dia que você encontrar alguém mais bobo do que você, entregue essa varinha. Passados alguns anos, o rei ficou doente. O palhaço foi visitá-lo. Perguntou-lhe: "O senhor está preparado para a eternidade?". Não! Então, o palhaço lhe devolveu a varinha e disse: "O senhor é o mais tolo dos homens que já vi, pois se preparou para viver, mas não para morrer".

Em quarto lugar, *o grande apelo em virtude do juízo* (4.12,13). J. A. Motyer diz que há cinco indicações nesse texto que evidenciam uma nota de encorajamento e de graça.[165]

Primeira, as palavras "prepara-te [...] para te encontrares com o teu Deus". Sempre que, na Bíblia, encontramos a idéia de encontro com Deus, há uma conotação de graça.

Segunda, as palavras "teu Deus". Amós apresenta à nação o Deus da aliança. O pronome pessoal possessivo é inexplicável a não ser em termos de esperança.

Terceira, a referência ao poder do Senhor como Criador. Ele controla todo o universo para o bem final de Seu povo.

Quarta, a referência ao poder transformador do Senhor. Ele faz da manhã trevas e, por conseguinte, das trevas manhã. Ele transforma tragédia em bênção.

Quinta, a referência a Iavé, o Deus da aliança (4.13). Ao usar o nome divino, Iavé, Amós automaticamente coloca misericórdia e graça redentora no primeiro plano do quadro. Iavé é, principalmente, o Deus que foi ao Egito remir um povo desesperado e carente de graça. É o mesmo Iavé que redime os que não merecem. Deus chama Seu povo mais uma vez. Para os arrependidos, o caminho está totalmente livre; esses ainda podem fugir da ira vindoura.

Em quinto lugar, *as credenciais do juiz* (4.13). Na sua degradação espiritual, Israel chegou a pensar que podia comprar Deus com seus rituais e ofertas e escapar do Seu confronto. Amós, porém, procura acordar o povo pela apresentação do Senhor na Sua grandeza, como o Todo-poderoso nos céus e na terra, o onisciente e o soberano nas obras da criação.[166]

Feinberg, corretamente, diz que esse Deus com quem eles devem encontrar-se está descrito em termos majestosos. Ele é o Criador onipotente, que forma os montes e cria o vento; Ele é o Deus onisciente que conhece todos os pensamentos do homem; Ele governa sobre toda a natureza e pode, no devido curso, transformar a luz matutina em trevas. Ele é o poderoso Senhor Deus dos exércitos, o soberano sobre todos os recantos da terra. Este é o poderoso Deus com quem Israel deve se encontrar, e por isso deve preparar-se para isso![167]

J. A. Motyer destaca três verdades sobre a majestade de Deus nesse versículo:[168]

Primeira, seu poder absoluto e completo (4.13a). São três as áreas da capacidade divina: a visível, "é Ele o que forma os montes"; a invisível, "e cria o vento"; a pessoal e racional, "e declara ao homem qual seja o seu pensamento".

Segunda, o Seu poder transformador (4.13b). Ele toma a escuridão da noite e transforma em claridade. Ele arrebata do fogo um tição e faz dele um instrumento para Sua glória.

Terceira, o seu poder presente na terra (4.13c). Ele pisa os altos da terra. O quadro é de triunfo (Hc 3.19), mas é triunfo aqui neste mundo. Deus é soberano não apenas no céu, mas também na terra. Ele dirige não apenas a Sua Igreja, mas o universo. Pelo arrependimento, o povo de Deus penetra a esfera do Seu poder onipotente, transformador e presente.

Notas do capítulo 5

[140] WOLFENDALE, James. *The preacher's complete homiletic commentary*, vol. 20, p. 274.
[141] FEINBERG, Charles L. *Os profetas menores*, p. 96.
[142] CRABTREE, R. A. *O livro de Amós*, p. 88.
[143] WIERSBE, Warren W. *Comentário bíblico expositivo*, vol. 4, p. 438.
[144] WIERSBE, Warren W. *Comentário bíblico expositivo*, vol. 4, p. 438.
[145] MOTYER, J. A. *O dia do leão*, p. 84.
[146] FEINBERG, Charles L. *Os profetas menores*, p. 97.
[147] MOTYER, J. A. *O dia do leão*, p. 83.
[148] FEINBERG, Charles L. *Os profetas menores*, p. 97.
[149] DAVIDSON, A. B. *The theology of the Old Testament*. T. and T. Clark, 1925, p. 151.
[150] ROWLEY, H. H. *The faith of Israel*. SMS Press, 1956, p. 66.
[151] MOTYER, J. A. *O dia do leão*, p. 82.
[152] MOTYER, J. A. *O dia do leão*, p. 83.
[153] WIERSBE, Warren W. *Comentário bíblico expositivo*, vol. 4, p. 439.
[154] BOWDEN, Jalmar. *Comentário ao livro de Amós*, p. 73.
[155] MOTYER, J. A. *O dia do leão*, p. 89,90.
[156] WIERSBE, Warren W. *Comentário bíblico expositivo*, vol. 4, p. 440.
[157] MOTYER, J. A. *O dia do leão*, p. 85.
[158] WIERSBE, Warren W. *Comentário bíblico expositivo*, vol. 4, p. 440.
[159] FEINBERG, Charles L. *Os profetas menores*, p. 99.
[160] MOTYER, J. A. *O dia do leão*, p. 87.
[161] MOTYER, J. A. *O dia do leão*, p. 88.
[162] MOTYER, J. A. *O dia do leão*, p. 90.
[163] HENRY, Edgar. *The pulpit commentary*, vol. 14, p. 69.
[164] FEINBERG, Charles L. *Os profetas menores*, p. 100.
[165] MOTYER, J. A. *O dia do leão*, p. 91-93.
[166] CRABTREE, R. A. *O livro de Amós*, p. 101.
[167] FEINBERG, Charles L. *Os profetas menores*, p. 100,101.
[168] MOTYER, J. A. *O dia do leão*, p. 94,95.

Capítulo 6

O profeta chora no funeral da nação
(Am 5.1-13)

ESTA É A TERCEIRA VEZ que Amós pede ao povo que dê ouvidos à Palavra de Deus (3.1; 4.1; 5.1). A terceira mensagem do profeta Amós é um lamento, um cântico fúnebre sobre a morte de Israel como nação.

Amós apresenta uma mensagem regada de lágrimas à nação de Israel. É uma espécie de cântico fúnebre. É uma lamentação. Amós está chorando por ver o povo de Deus caminhar insensivelmente para a ruína. Amós tem uma mensagem dura, mas um coração mole. Ele tem palavras que ferem, mas brotam de um coração quebrado. Ele ergue sua voz como um leão que ruge, mas seus olhos derramam lágrimas copiosas. Ele não é como um pregador insensível que brada seu sermão de uma cátedra, mas é como um homem sensível que chora num funeral.

Amós lamenta porque a abundante expressão religiosa da nação não passa de uma casca fina de verniz, como um pálido cosmético. Não havia sinais vitais de vida espiritual na nação. O culto deles não era para Deus, mas para eles mesmos. Era um culto humanista, em que jamais eram confrontados a mudar de vida. Suas apresentações musicais se tornariam cânticos fúnebres (5.23; 8.3,10) e seus santuários seriam destinados à ruína.

O profeta chora a queda política de Israel (5.2,3)

Amós contempla a tempestade que se forma no horizonte e vê que ela vem como uma avalanche sobre Israel. Será como um terremoto avassalador. A nação ficará em ruínas. Amós descreve esse quadro da seguinte forma:

Em primeiro lugar, *será uma queda completa* (5.2a). Amós proclama: "A virgem de Israel caiu". A nação está prostrada, no pó, na cinza, fragorosamente derrotada. A palavra hebraica *caiu* indica uma morte violenta, especialmente a morte na batalha.[169] Israel cairá por corrupção interna e por ataque externo. Amós proclama essa derrota completa nos dias áureos de Jeroboão II, no tempo em que o Reino do Norte desfrutava paz nas fronteiras e prosperidade dentro dos seus muros. Warren Wiersbe diz que Israel pensava que era uma virgem amada, mas não passava de um cadáver insepulto.[170] O termo *virgem de Israel* é usado aqui pela primeira vez, e mais tarde em Jeremias 18.13; 31.4,21. Refere-se à castidade de Israel, em seu idealismo, como a nação escolhida, salva pela graça divina para servir como o povo messiânico do Senhor. A queda de uma virgem era uma grande tragédia em Israel. A tragédia de Israel, como nação, é muito mais lamentável.[171] A verdade nua dos fatos é que Israel se corrompeu com as prostituições da idolatria. Tornou-se uma adúltera notória ao abandonar seu marido, Iavé. Por muitas vezes, Israel foi chamado a voltar-se para o Senhor, mas se recusou. Estava ocupado demais para ouvir, porquanto se deitava com seus amantes, em leitos de concupiscência. Agora, porém, Israel era como uma virgem caída. Um de seus amantes a matou. E seu marido, Iavé, abandonou a cena.[172]

Em segundo lugar, *será uma queda definitiva* (5.2b). Amós esclarece: "[...] nunca mais tornará a levantar-se". A queda política de Israel não lhe trouxe apenas alguns arranhões e traumas leves, mas feridas incuráveis. A Assíria cercou Samaria durante três anos e, finalmente, dominou Israel em 722 a.C. Dizimou à espada a maioria do povo, deportou outros tantos, e aos demais deixou na terra, com outros povos estrangeiros para que se misturassem. Assim, o povo remanescente perdeu sua soberania política, sua identidade religiosa e sua pureza racial; dando, assim, início a um povo mestiço, os samaritanos.

Em terceiro lugar, *será uma queda irreversível* (5.2 c). Amós conclui dizendo: "[...] desamparada jaz na sua terra; não há quem a levante". Israel foi enfraquecida pela corrupção moral, pelas lutas internas, pelo desprezo dos homens e pelo abandono de Deus. Icabode pode ser escrito no frontispício do templo, quando Deus se aparta de um povo. Israel caiu pelos seus próprios pecados (Os 14.1). A Assíria foi apenas a vara da ira de Deus para disciplinar Seu povo (Is 10.5). Nenhuma força na terra pode levantar um povo a quem Deus abate. O desamparo de Israel foi total e irremediável.

Em quarto lugar, *será uma queda desastrosa* (5.3). O profeta Amós disse: "Porque assim diz o Senhor Deus: A cidade da qual saem mil terá de resto cem, e aquela da qual saem cem terá dez para a casa de Israel" (5.3). A "morte" de Israel será por meio de dizimação militar. As cidades foram dizimadas pela fúria do inimigo. A invasão dos assírios cobraria um alto custo em vidas humanas, tendo em vista que apenas um décimo seria poupado, diz Charles Feinberg.[173] O que aconteceu a Israel foi o literal cumprimento do castigo da desobediência: "Ficareis poucos em número, depois de haverdes sido em multidão como as estrelas do céu, porquanto não destes ouvidos à voz do Senhor, teu Deus" (Dt 28.62). Um exército que perde nove de cada dez soldados está aniquilado e, certamente, para o povo que ele devia defender, só restam lamentações, diz Bowden.[174]

Os exércitos assírios eram expansionistas, sanguinários e truculentos. Eles não respeitavam velhos nem crianças. Eles faziam trepidar a terra com suas marchas assombrosas. Eles deixavam um rastro de destruição e de horror por onde passavam. Eles derramavam rios de sangue e empilhavam as cabeças de suas vítimas em montões. O pecado tem um salário muito alto. Suas conseqüências são desastrosas. Aqueles que não ouvem o chamado da graça terão necessariamente de ouvir o estampido ensurdecedor do juízo.

J. A. Motyer diz corretamente que Amós pregou um sermão severo no funeral de Israel. Os últimos vinte anos do reino de Israel foram de ruína da política doméstica, um golpe político após o outro, até que, em 722 a.C., Sargão II, da Assíria, acabou com o reino de Israel para sempre, deportando o remanescente que sobreviveu ao cerco e à matança, e povoando a terra com uma população estrangeira.[175]

Israel tinha um exército forte, mas ele seria derrotado, e a população seria dizimada, exatamente como o Senhor advertira em Sua aliança (Lv 26.7,8; Dt 28.25; 32.28-30). Warren Wiersbe diz que não poderia haver vitória quando o Senhor o abandonou à sua própria sorte. As nações de hoje dependem de suas riquezas, de seus exércitos e de sua sabedoria política, quando, na verdade, precisam depender do Senhor. "Bem-aventurada é a nação cujo Deus é o Senhor" (Sl 33.12).[176]

O profeta chora a cegueira espiritual de Israel (5.4-6)

Israel estava longe de Deus e perto da religião. Na mesma proporção que se afastava de Deus, multiplicava suas práticas religiosas. A religiosidade sem Deus, porém, cega os olhos da alma e entorpece a consciência. Eles faziam peregrinações a Betel, a Berseba e a Gilgal, mas voltavam mais afastados de Deus e mais determinados a conviver com seus pecados. Henrietta Mears diz que eles aumentavam seus pecados, porque era uma forma exterior de devoção, misturada à idolatria (5.4-6). Deus requer uma conduta digna Dele, e não meros sacrifícios vazios.[177]

Dionísio Pape, nessa mesma linha de pensamento, comenta que existia na nação um espírito profundamente religioso. Israel se gabava de sua cultura religiosa e de seu espírito moderno de ampla tolerância. Em matéria de fé, achava que toda religião era boa, e que não se devia condenar qualquer crença praticada com sinceridade. Para mostrar ao mundo que a religião nacional tinha raízes históricas profundas, o clero organizava uma romaria anual, visitando os lugares santos: Betel, Berseba e Gilgal.[178]

J. A. Motyer oferece-nos uma grande contribuição, fazendo uma síntese do significado espiritual desses três santuários:

> Examinando a mensagem dos santuários, podemos entender a mensagem do canto fúnebre. Ela fala de morte onde deveria haver vida: "[...] estendida está na terra, não há quem a levante" (5.2a). Eis a deficiência de Betel: ser a casa de Deus, o local da promessa, "Deus está neste lugar" como o doador da esperança e da nova vida, aquele que pode tornar realidade o nome "Israel". Segundo, o canto fúnebre fala de abandono onde deveria haver companheirismo: "Caiu a virgem de Israel, nunca mais tornará a levantar-se[...] não há quem a levante" (5.2b). Eis o fracasso da promessa de Berseba, "Deus está contigo". Israel foi levada para a morte como uma virgem que nunca conheceu as alegrias do companheirismo conjugal e que, mesmo em seu estado de virgindade, não conseguia encontrar ninguém que se compadecesse dela na hora da necessidade. Terceiro, o canto fúnebre fala de expropriação onde deveria haver herança: "Caiu [...] estendida na sua terra, não há quem a levante", o fracasso da promessa de Gilgal, o povo de Deus derrotado, morto, onde, no auge de Gilgal de Josué, eles gritaram em triunfo a derrota dos inimigos.[179]

Detalharemos um pouco mais o significado desses santuários, observando alguns pontos:

Em primeiro lugar, *será que Deus ainda se encontra com Seu povo em Betel?* Amós ironizou o povo, dizendo que quanto mais eles vinham a Betel, mais eles multiplicavam seus pecados (4.4). Agora, ele dá uma ordem contundente: "Não busqueis a Betel" (5.5). Por quê? Porque nessa busca dos santuários, o Senhor, propriamente dito, acabou sendo deixado de fora, diz Motyer.[180] Destacamos alguns pontos:

Primeiro, não há encontro com Deus em que o culto é separado da ortodoxia. O culto é bíblico ou é anátema.

Deus é Espírito e os seus adoradores precisam adorá-lo em espírito e em verdade (Jo 4.24). Betel tornou-se um centro de idolatria. O culto foi paganizado. O sincretismo religioso foi instalado em Betel, que deixou de ser casa de Deus para ser o santuário do rei e o templo do reino. Pelo culto sincrético em Betel, Israel perdeu o verdadeiro Deus, a fonte da vida. Nessa religiosidade distorcida, os israelitas prostituíram o nobre nome de Betel. O profeta Oséias deu a Betel o nome que merecia, *Bete-Aven,* casa de vaidade, casa do nada, idolatria (Os 4.15; 10.5). Betel, casa de Deus, ficaria reduzida a nada.[181]

Segundo, não há encontro com Deus onde o culto é separado da vida. O culto agradável a Deus é um culto racional (Rm 12.2), ou seja, um culto lógico, em que há coerência entre a liturgia e a vida. Eles vinham a Betel, mas não encontravam a Deus. Eles faziam peregrinações a Betel, mas não eram transformados.

Terceiro, não há encontro com Deus onde o culto não é um elemento renovador da vida. Jacó chegou a Betel sendo um homem com um passado e saiu de Betel sendo um homem com um futuro (Gn 28.13-15). Ali, ele teve uma visão gloriosa de Deus, ouviu as promessas de Deus e fez promessas a Deus. Betel foi um divisor de águas na vida do patriarca. Aquele lugar marcou um novo começo na vida dele. O povo de Israel, porém, ia a Betel, mas Deus não estava lá. A Palavra de Deus não estava lá.

Quarto, não há encontro com Deus onde o culto não é um elemento re-orientador da vida. Em Gênesis 28.10-22, Jacó teve uma visão de Deus em Betel, mas, em Gênesis 35.1-15, Jacó ouviu a voz de Deus em Betel. Ele chegou lá como Jacó, e saiu como Israel (Gn 35.10). Betel significou para o patriarca a presença de Deus experimentada no poder renovador e re-orientador. Em Betel, Jacó erigiu um altar e colocou-lhe o nome de El Betel. Ali, ele conheceu não apenas a casa de Deus, mas o Deus da casa de Deus. Em Betel, Deus o livrou de seus inimigos e deu-lhe a oportunidade de começar tudo de novo.

Ir ao templo jamais é uma atitude neutra. Encontramos a Deus ou o juízo (5.6). Arrepender e viver, ou não arrepender e morrer, são as únicas opções dos peregrinos. Se o povo não se voltar para Deus em Betel, o fogo consumirá a casa de José. A casa de José é um nome menos freqüente para as dez tribos, das quais a mais importante era a de Efraim, filho de José.[182]

Em segundo lugar, *será que o povo ainda tem a promessa da companhia de Deus em Berseba?* Os três patriarcas, Abraão, Isaque e Jacó estão ligados a Berseba, o oásis localizado no deserto do Neguebe. Em circunstâncias diferentes, os três ouviram as mesmas promessas acerca da companhia divina em Berseba. A Abraão é dito em Berseba que Deus era com ele em tudo o que fazia (Gn 21.22-33). Deus disse a Isaque em Berseba: "Não temas, porque eu sou contigo" (Gn 26.24). De igual forma, Deus disse a Jacó em Berseba: "Não temas [...]. Eu descerei contigo" (Gn 46.1-4).

Agora, quando o povo de Israel fazia suas peregrinações a Berseba, eles não tinham comunhão com Deus. Não era a Deus que eles buscavam. Não era a Deus que eles encontravam. Eles iam lá para buscar seus próprios interesses. Eles faziam ofertas, porque gostavam disso. O culto deles era centrado neles mesmos, e não em Deus. Dionísio Pape diz que a religião separada da moral e da compaixão é anátema aos olhos do Senhor. Ele promete estar com o Seu povo somente quando este busca o bem e aborrece o mal (5.15).[183]

Em terceiro lugar, *será que o povo receberá a herança de Deus em Gilgal?* Gilgal era um lugar muito especial na história de Israel. Foi ali que eles acamparam pela primeira vez depois que entraram na Terra Prometida (Js 4.19,20). Foi em Gilgal que eles se tornaram o povo da aliança através da circuncisão e da Páscoa (Js 5.1-12). Foi ali que eles experimentaram as primícias de Canaã, a Terra Prometida (Js 5.12). De Gilgal partiram as campanhas vitoriosas da conquista da terra (Js 9.6; 10.6,7,9,15,43; 14.6). Foi em Gilgal que Saul, o primeiro rei, foi confirmado no reino (1Sm 11.14,15). Gilgal era o santuário que proclamava a herança e a posse da Terra Prometida de acordo com a vontade de Deus.[184]

Sem uma relação pessoal com o Senhor, sem buscá-Lo, a religiosidade da romaria nada valeria em termos espirituais, e os lugares santos seriam destruídos, diz Dionísio Pape.[185] O juízo de Deus sobre uma religião de fachada é que Gilgal será levada cativa (5.5) e enfrentará um desterro para além de Damasco (5.27). Gilgal fazia uma promessa que não podia cumprir. Em vez de tomar posse da herança em Gilgal, o exílio seria a amarga experiência do povo, e isso pela mesma mão divina que lhes concedera a terra.[186]

O profeta chora a corrupção moral de Israel (5.7-12)

Amós destaca sete fatos solenes aqui:

Em primeiro lugar, *eles tornavam a vida do próximo um inferno* (5.7a). Um dos pecados mais notórios de Israel foi a corrupção dos tribunais. Os ricos usavam os tribunais para conseguir decisões que lhes fossem favoráveis, ajudando-os em sua "política de enriquecimento rápido". Eles oprimiam os pobres por intermédio dos tribunais, furtando-lhes bens e propriedades. Com a ajuda dos tribunais, os ricos ficavam a salvo do merecido castigo, quando cometiam algum crime.[187] Os poderosos em Israel tornavam o juízo em alosna, uma coisa amarga, insuportável. A palavra hebraica indica uma planta extremamente amarga ao paladar, e venenosa se fosse engolida.[188] Eles estavam chafurdados em escabrosos esquemas de corrupção, mancomunados com juízes inescrupulosos para assaltar os pobres e necessitados. Eles tornavam a vida dos pobres um tormento, uma amargura. Eles tripudiavam e passavam por cima do direito dos necessitados.

Em segundo lugar, *eles não aceitavam a correção* (5.10a). Eles queriam viver acomodados em seus pecados, sem nenhum confronto ou correção. Detestavam quando seus pecados eram denunciados. Amós diz: "Eles odeiam ao que na porta os repreende" (5.10). Charles Feinberg diz que a porta era o local público de assembléia onde se reuniam os tribunais. Ali os juízes odiavam aqueles que reprovavam seus caminhos ímpios.[189] Ainda hoje, a mensagem que confronta o pecado é odiada. Muitos mensageiros, à semelhança dos falsos profetas da Antiguidade, venderam sua consciência, perverteram seu ministério e, por amor ao lucro, pregam o que o povo quer ouvir. São profetas da conveniência que buscam os aplausos dos homens, mais do que a aprovação de Deus.

Em terceiro lugar, *eles não suportavam a verdade* (5.10b). A luz incomoda aqueles que querem viver nas trevas. Eles se recusaram a serem governados pela verdade. A verdade é perturbadora para aqueles que desejam viver prazerosamente no pecado. Os peregrinos iam a Betel, mas não queriam ouvir a lei de Deus como o salmista (Sl 119.97). Os ímpios não gostam de ser confrontados com a verdade. Herodes mandou prender João Batista porque este denunciou seu adultério. João Huss foi preso e queimado porque denunciou os desvios doutrinários e morais da Igreja. Martin Luther King foi assassinado porque levantou sua voz contra a segregação racial nos Estados Unidos.

Em quarto lugar, *eles eram cruéis com os pobres* (5.11a,12). Amós se volta do relacionamento com a verdade para o relacionamento com outras pessoas, diz Motyer.[190] Eles pisavam os pobres. Não havia no coração deles temor a Deus nem amor ao próximo. Eles viam o pobre como um terreno a ser explorado. Homens ímpios e poderosos viviam como parasitas dos pobres. Eles roubavam seus produtos agrícolas e propriedades, e com o dinheiro construíam para si mesmos belas casas com materiais importados, como marfim (3.15; 6.4).

A injustiça social é um grave pecado aos olhos de Deus. Aquele que oprime o pobre, insulta seu Criador. Tiago diz que o salário do trabalhador retido com fraude tem uma voz eloqüente aos ouvidos de Deus (Tg 5.1-4). O dinheiro que os poderosos acumulam desonestamente se tornará combustível para sua própria destruição.

Em quinto lugar, *eles eram exploradores* (5.11b). Sob a fachada da peregrinação, o que eles realmente buscavam era o lucro. Eles exigiam tributo do trigo dos pobres. A palavra *tributo* pode ter dois sentidos. Em 2Crônicas 24.6,9 ela aparece como "imposto". Mas aqui envolve extorsão.[191] O princípio sobre o qual a vida se fundamentava era de que as outras pessoas existem para serem exploradas. Colocavam taxas e impostos pesados para oprimir os necessitados. Eles ditavam as regras para assaltar os pobres. Eles buscavam ocasiões especiais para vender o refugo do trigo, por um preço maior, com um peso menor. Eles urdiam planos para tirar cada vez mais proveito da miséria do pobre.

Em sexto lugar, *eles eram amantes do dinheiro* (5.12). Amós denuncia: "[...] aceitais peitas". Era uma sociedade dominada pela ganância insaciável. O lucro a qualquer custo era a mola mestra da cultura prevalecente. Eles queriam sempre levar vantagem. Os absolutos morais já não existiam mais. O dinheiro era o deus deles. Motyer diz que esses peregrinos que vão a Betel avaliam o suborno em sua mão, mas não avaliam os valores morais em sua cabeça, em seu coração e na sua consciência. Eles estavam sempre prontos a abrir mão dos intangíveis valores morais por causa dos tangíveis valores financeiros.[192]

Em sétimo lugar, *eles eram insensíveis* (5.12). Amós declara: "[...] e na porta negais o direito aos necessitados". Eles não apenas se coligavam com os juízes corruptos para assaltar o direito do pobre e para tomar os seus bens, como não tinham nenhuma sensibilidade para ouvir os rogos daqueles que, famintos e necessitados, jaziam a sua porta. Jesus falou de um homem que vivia de forma nababesca, em festas e banquetes, sem atender ao pobre faminto e chagado a sua porta. Ele morreu, foi sepultado, mas foi parar no inferno (Lc 16.19-31). Muitos serão condenados ao fogo eterno por terem fechado o coração e o bolso aos necessitados (Mt 25.41-46).

O profeta anuncia o juízo divino sobre o pecado de Israel (5.8,9,11,13)

O âmago do oráculo de Amós sobre Betel recai no Hino ao Deus Transformador (5.8,9). Que lugar seria melhor do que Betel para cantar ao Deus que pode transformar a situação? Ele faz a mudança das estações, do dia e também da História. Todavia, o povo vinha a Betel (5.7) e saía de Betel (5.10-12) totalmente inalterado.[193] Amós destaca quatro fatos:

Em primeiro lugar, *o Juiz que julga o povo é onipotente* (5.8). Amós aponta algumas verdades solenes sobre Deus, o Juiz diante de quem todos comparecerão. Esse Deus, cujo domínio não pode ser desafiado no céu, também é irresistível na terra. Coisa alguma podia resistir à destruição divina, nem mesmo a mais poderosa das fortalezas ou a mais fortificada das cidades.[194] Quem é esse Deus?

Primeiro, Ele é o Deus Criador (5.8a). Amós tem o cuidado de registrar que Deus não pode ser domesticado nem manipulado. Ele é o Criador. Ele é o Soberano absoluto da natureza: as Plêiades e o Órion (conhecidas constelações que aparecem em Jó 9.9 e 38.31) são obras das suas mãos.

Segundo, Ele é o Deus que intervém na criação (5.8b). Ele torna a densa treva em manhã e muda o dia em noite. É com esse Deus soberano que eles têm de haver-se.

Terceiro, Ele é o Deus que intervém na História (5.8c). Ele chama as águas do mar e as derrama sobre a terra. Muitos fenômenos que os homens atribuem ao acaso ou às leis naturais são juízos de Deus, trombetas do céu chamando os homens ao arrependimento. Nada acontece sem que Deus saiba. Nada O apanha de surpresa. A doutrina do *Teísmo Aberto*, que prega que Deus não conhece o futuro, e que vive cada dia os dilemas da vida é uma falácia. O *Tisunami* não foi apenas um fenômeno natural. Foi Deus quem derramou aquelas ondas gigantes sobre a terra. O furacão *Katrina* não foi um acidente da natureza, mas uma ação do juízo divino. O livro de Apocalipse revela que as trombetas soam antes de Deus derramar o Seu juízo final sobre os homens.

Quarto, Ele é o Deus da aliança (5.8d). Amós destaca não apenas a soberania de Deus, mas também Sua graça. O nome *Iavé* retrata o Deus da aliança. Mesmo quando Deus castiga Seu povo por seus pecados, não deixa de demonstrar a ele Seu amor.

Em segundo lugar, *Deus é o agente do juízo* (5.9). O povo de Israel estava iludido com uma falsa religião, pensando que, enquanto fizessem suas peregrinações aos santuários, jamais qualquer calamidade os alcançaria. Mas Deus revela a eles que o mal que sobreviria não seria um acidente, mas uma agenda ordenada no céu. Os ricos estavam muito confiantes na segurança que o dinheiro lhes proporcionava. Eles pensavam que jamais seriam incomodados ou desinstalados de suas fortalezas. Todavia, Deus diz que tanto o forte quanto a fortaleza experimentariam a destruição.

Em terceiro lugar, *Deus não premia o pecado* (5.11). Há aqui um movimento de causa e conseqüência. A lei moral não pode ser quebrada sem graves riscos. O que eles roubaram do pobre e acumularam em suas casas não poderá ser usufruído por longo tempo. Eles não desfrutarão permanentemente os lucros mal adquiridos. Eles serão arrancados de suas casas e não beberão o vinho de suas vides. Amós anuncia uma vida sem estabilidade (casas construídas, mas não habitadas) e sem prazer (vinhas plantadas, mas não experimentadas). É a frustração, a limitação, a improdutividade de uma vida separada de Deus.[195]

Em quarto lugar, *a mudança de vida é absolutamente desencorajada* (5.13). J. A. Motyer diz que Amós nos dá a entender no versículo 13 que, se eles estivessem realmente na presença do Deus de Betel, teriam procurado alcançar uma ordem social favorável à justiça, mas o clima social da época ameaçava qualquer pessoa que enunciasse uma opinião contrária ao espírito de injustiça e de egoísmo predominantes. Essa era a lei da violência (6.3), em que a pessoa temia abrir a boca para protestar: a prudência aconselhava o silêncio. A palavra traduzida por *prudente* poderia bem significar "uma pessoa que deseja progredir" ou "ter sucesso".[196]

A prudência egoísta exige que se cale perante os males que se praticam. Isso levou Martin Luther King a afirmar que o que mais o afligia não era a ação maligna dos perversos nem o palavrório imundo dos maus, mas a omissão e o silêncio dos bons.

O profeta anuncia uma saída para a tragédia de Israel (5.4,6)

Duas verdades sublimes são aqui mencionadas:

Em primeiro lugar, *uma ordem expressa: Buscai a Deus* (5.4,6). A religião havia substituído Deus em Israel. Eles abandonaram a Deus, mas continuaram religiosos. Eles iam aos templos, mas não adoravam o Deus vivo. Eles cantavam suas músicas sagradas, mas não tinham comunhão com Deus. Eles ouviam seus profetas, mas não escutavam a voz de Deus.

Charles Feinberg acertadamente diz que antes que venha o juízo ainda há oportunidade de arrependimento e de restauração. Deus reluta em fechar a porta da graça e da misericórdia. Nos dias de Noé, Ele esperou 120 anos para fechar a porta. Não nos impacientemos com a paciência de Deus, se Ele se demora por causa dos perdidos de Israel para que eles também possam ser salvos e venham a compor conosco o corpo de Cristo.[197]

Deus, e não a religião, deve ser o alvo de nossa busca. Devemos buscar a Deus não à procura de prosperidade, saúde e sucesso, mas buscar a Deus por causa Dele mesmo. Ele é o sumo bem. O salmista pergunta: "A quem tenho eu no céu senão a ti? E na terra não há quem eu deseje além de ti" (Sl 73.25). Essa busca deve ser com sinceridade e com senso de urgência. Deus mesmo diz: "Buscar-me-eis, e me achareis, quando me buscardes de todo o vosso coração" (Jr 29.13).[198]

Algumas perguntas precisam ser feitas acerca desse magno assunto:

Primeiro, o que é buscar ao Senhor? Buscar a Deus é voltar-se do pecado para Ele, não apenas para fugir das conseqüências do erro, mas para deleitar-se em Deus, Aquele que é a fonte da vida.

Segundo, por que devemos buscar ao Senhor? Porque só Nele há copiosa redenção. Só Nele há esperança. Só Ele pode dar vida. Nenhum outro pode nos socorrer. O caminho da desobediência é a estrada da morte, mas, na rota da obediência, desfrutaremos vida abundante, superlativa, maiúscula e eterna. Os lugares sagrados podem ser destruídos quando torcem a verdade, ou se tornam um fim em si mesmos, mas Deus sempre continua a ser a fonte da vida.

Em segundo lugar, *uma promessa segura: E vivei* (5.4). O povo buscava Betel, Berseba e Gilgal e voltava pior. Eles iam ao templo, mas continuam cegos e prisioneiros de seus pecados. Eles tentavam encontrar sentido para a vida nos rituais, mas a vida só está em Deus. A vida eterna é conhecer a Deus (Jo 17.3). O culto é teocêntrico. Nem mesmo as bênçãos de Deus podem substituir Deus. Só há vida quando o homem se volta para Deus. Ele é o manancial de águas vivas. Ele é a fonte inesgotável de vida. A. W. Tozer diz que a Igreja contemporânea precisa resgatar o sentido da grandeza de Deus em seus cultos. Precisamos voltar a ficar extasiados diante da majestade de Deus.

O profeta Amós emprega os dois imperativos *Buscai* e *Vivei,* unindo tanto o dever quanto a recompensa do homem. Não fala deles apenas como causa e efeito, mas como se fossem um só. Onde há um há também o outro. Buscar a Deus é viver. Pois o buscar a Deus é achá-Lo, e o Senhor é Vida, e fonte de vida. Perdão, graça e vida entram na alma de vez, diz Pusey.[199]

A verdadeira religião brota da união e da comunhão com Deus e sela sua veracidade ao revelar uma transformação que espelha amor à verdade, submissão nos relacionamentos, preocupação com a aprovação de Deus, integridade moral e ordem social. Em vez de o povo buscar a Betel, deveria buscar a Deus. Eles deveriam fazer de Deus o seu lugar de peregrinações. Este é o caminho da vida (5.5,6). Caso contrário, eles seguiriam pelo caminho do fogo (5.6b) e da frustração (5.11b).[200]

Notas do capítulo 6

[169] CRABTREE, R. A. *O livro de Amós*, p. 102,103.
[170] WIERSBE, Warren W. *With the word*, p. 585.
[171] CRABTREE, R. A. *O livro de Amós*, p. 103.
[172] CHAMPLIN, Russell Norman. *O Antigo Testamento interpretado versículo por versículo*, vol. 5, p. 3520.
[173] FEINBERG, Charles L. *Os profetas menores*, p. 101.
[174] BOWDEN, Jalmar. *Comentário ao livro de Amós*, p. 81.
[175] MOTYER, J. A. *O dia do leão*, p. 101.
[176] WIERSBE, Warren W. *Comentário bíblico expositivo*, vol. 4, p. 443.
[177] MEARS, Henrietta C. *Estudo panorâmico da Bíblia*, p. 261.
[178] PAPE, Dionísio. *Justiça e esperança para hoje*. ABU Editora, p. 43.
[179] MOTYER, J. A. *O dia do leão*, p. 100, 101.
[180] MOTYER, J. A. *O dia do leão*, p. 100.
[181] CRABTREE, R. A. *O livro de Amós*, p. 106.
[182] FEINBERG, Charles L. *Os profetas menores*, p. 102.
[183] PAPE, Dionísio. *Justiça e esperança para hoje*, p. 44.
[184] MOTYER, J. A. *O dia do leão*, p. 100.
[185] PAPE, Dionísio. *Justiça e esperança para hoje*, p. 44.
[186] MOTYER, J. A. *O dia do leão*, p. 100.
[187] CHAMPLIN, Russell Norman. *O Antigo Testamento interpretado versículo por versículo*, vol. 5, p. 3521.
[188] CHAMPLIN, Russell Norman. *O Antigo Testamento interpretado versículo por versículo*, vol. 5, p. 3521.
[189] FEINBERG, Charles L. *Os profetas menores*, p. 102.
[190] MOTYER, J. A. *O dia do leão*, p. 106.
[191] MOTYER, J. A. *O dia do leão*, p. 106.
[192] MOTYER, J. A. *O dia do leão*, p. 107.
[193] MOTYER, J. A. *O dia do leão*, p. 104.
[194] CHAMPLIN, Russell Norman. *O Antigo Testamento interpretado versículo por versículo*, vol. 5, p. 3521.
[195] MOTYER, J. A. *O dia do leão*, p. 108.
[196] MOTYER, J. A. *O dia do leão*, p. 107.
[197] FEINBERG, Charles L. *Os profetas menores*, p. 101,102.
[198] WOLFENDALE, James. *The preacher's complete homiletic commentary*, vol. 20, p. 281.
[199] PUSEY, E. B. *The minor prophets*. London: James Nisbet & Company, p. 205.
[200] MOTYER, J. A. *O dia do leão*, p. 109.

Capítulo 7

Quando a religião perde o seu poder
(Am 5.14-27)

O POVO DE ISRAEL FAZIA contínuas peregrinações aos santuários de Betel, Berseba e Gilgal, mas não caminhava na direção de Deus, antes, aprofundava-se ainda mais no pecado. Eles divorciaram a religião da vida. Eles separaram a teologia da ética. Eles tentaram subornar a Deus com uma religião pomposa, mas acabaram provocando ainda mais Sua ira, pois professavam uma coisa e viviam outra bem diferente.

Betel, casa de Deus, lugar do encontro transformador e re-orientador da vida tornou-se o centro da idolatria. O bezerro de ouro, e não Deus, era o centro daquele culto. Eles iam ao santuário, mas voltavam para casa sem nenhuma transformação.

Berseba, por sua vez, era o lugar onde os patriarcas Abraão, Isaque e Jacó ouviram as promessas da companhia de Deus, mas Deus não podia estar com o povo, pois este estava mergulhado nos seus mais escandalosos pecados (Js 7.12). Deus honra aqueles que O honram, mas desmerece os que O desprezam (1Sm 2.30). Deus Se volta para aqueles que se voltam a Ele (Ml 3.7) e se achega àqueles que se chegam a Ele (Tg 4.8).

Gilgal era o lugar que sinalizava a posse da herança e das grandes conquistas e vitórias, mas, em vez de conquista em Gilgal, enfrentaram o desterro e as derrotas mais amargas. Uma religião falsa não pode nos ajudar no relacionamento com Deus nem com o próximo; muito menos pode nos socorrer no dia da calamidade. As esperanças nutridas e alimentadas por uma doutrina falsa e uma ética trôpega desvanecem-se inexoravelmente.

Consideremos a prática religiosa vivida nos templos de Berseba e Gilgal.

Estará Deus conosco mesmo em Berseba?

Amós destaca seis aspectos que revelam a ilusão dos israelitas:

Em primeiro lugar, *uma presunção arriscada* (5.14). Os israelitas presumiam ser os herdeiros da promessa de Berseba, "O Senhor [...] estará convosco". Eles acreditavam que Deus estava com eles (5.14) e olhavam para o futuro com total serenidade e confiança (5.18). Eles pensavam que entre eles e Deus não havia qualquer barreira, e tudo estava em paz e harmonia. Eles desejavam o dia do Senhor, pois pensavam que estariam com Ele (5.18). Contudo, quando esse dia chegasse, suportariam eles essa vinda (Ml 3.2)?

Dionísio Pape diz que a religião separada da moral e da compaixão é anátema aos olhos do Senhor. Ele promete estar com o Seu povo somente quando este busca o bem e aborrece o mal (5.15).[201]

Em segundo lugar, *um despreparo inegável* (5.14). Amós não podia apoiar esse otimismo do povo. Eles queriam subornar Deus com uma religiosidade pomposa, mas falsa. Eles não tinham consciência da grandeza de Deus. Eles tinham uma percepção deficiente de Deus. Achavam que estavam em paz com Ele exatamente porque não O conheciam. Amós, portanto, enfatiza a grandeza de Deus. Amós se refere a Deus como o Senhor dos Exércitos três vezes (5.14,15,16). Eles haviam despojado Deus de Sua majestade. A tranqüilidade deles era perigosa. A comunhão que pensavam ter com Deus era falsa. Eles estavam despreparados para viver com Deus e para se encontrarem com Ele no Seu dia glorioso (5.18,20).

Em terceiro lugar, *um choro profundo* (5.16,17). Amós passa a descrever como a mensagem de Deus e as circunstâncias produziram um choro profundo em Israel. Houve pranto em todos os lugares e entre todas as pessoas. Houve choro por toda parte nas cidades (praças e ruas) e no interior (lavrador e vinhas); pranto de todos, dos durões (lavradores) e dos chorões (os que sabem prantear). Esse pranto interrompe os negócios na cidade e o labor no campo. Amós diz que esse pranto de morte penetrará até mesmo nas vinhas, onde em geral só se ouvia o som de regozijo. Nas praças de todas as cidades, onde a injustiça fora praticada, e em todos os mercados, onde enganavam e roubavam, haveria profunda lamentação.[202] Esse choro é resultado do julgamento inescapável (5.19).

Em quarto lugar, *um juízo inescapável* (5.19). O cerco de Israel pelos soldados assírios seria algo tão aterrador, que

Amós usa a figura de duas feras e de um réptil peçonhento para descrever a cena. A fuga do leão não traz total alívio, pois, em seguida, vem o ataque do urso. A fuga deste, mesmo fechando a porta no seu focinho, não traz segurança nem afasta o perigo, pois, subitamente, o fugitivo é picado por uma cobra peçonhenta ao encostar a mão trêmula na parede. Cada fuga e escape transformam-se numa armadilha até o ponto da vítima perecer sob o bote fatal da serpente. Essa era a condição dos israelitas. Eles seriam inescapavelmente cercados e derrotados pelos assírios. Durante três anos resistiram o cerco da cidade de Samaria. Todavia, o curto e aparente livramento não impediu que fossem finalmente dominados, escravizados e destruídos.

Em quinto lugar, *uma falsa esperança* (5.18,20). O pranto e o julgamento inescapável são seguidos de trevas totais (5.20). Eles pensavam que a vinda do Senhor seria para estar do lado deles. Essa era a promessa de Berseba: Deus está conosco e contra nossos inimigos. Mas esse dia não era de luz, mas de trevas. Eles se encheram de falsas esperanças. Quando o dia de Deus chegar, Deus será contra eles, porque eles não se prepararam para esse encontro (4.12).

Os israelitas pela sua hipocrisia enganavam-se a si próprios. No meio de todo seu pecado, eles ainda desejam o dia do Senhor, porque pensavam que esse dia seria de glória, de vitória e de livramento para todo o Israel, sem considerar o relacionamento de seu coração com Deus. Todavia, quando buscam o dia do Senhor como escapatória de seus presentes problemas, passam de um perigo para outro pior.[203]

Essa esperança já se tornara uma doutrina para os israelitas, mas Israel, em vez de triunfar sobre os seus inimigos no dia do Senhor, será castigado, devastado, humilhado e entregue ao seu inimigo.[204] Poucos anos depois, os assírios, a caminho para provar seu poder na luta contra o Egito, assolaram o reino de Israel, e levaram cativa a nação rebelde que desapareceu entre as nações.[205]

Dionísio Pape afirma que, naquela época, muitos, como no dia de hoje, falavam do dia do Senhor como solução final de todos os problemas, sem perceberem que Sua vinda marcaria o julgamento do povo do Senhor (5.18). Israel pensava que a vinda do Senhor marcaria o julgamento das nações ímpias e o reconhecimento por elas da supremacia de Israel. Tragicamente, a nação não entendeu que o dia do Senhor seria o julgamento do próprio povo de Deus.[206]

Tanto no Antigo quanto no Novo Testamentos, os judeus nunca acreditaram que fosse possível Deus julgar Seu povo. A destruição de Samaria em 722 a.C. e o exílio babilônio de Judá em 587 a.C. são advertências contra toda presunção. Dificilmente, aprendemos as lições da História. É salutar lembrar que a matança de um milhão de judeus fervorosos para com a Bíblia, mas desobedientes a ela, no ano 70 de nossa era, é mensagem para nós.[207]

Warren Wiersbe, fazendo uma síntese sobre a questão do dia do Senhor, diz que esse dia seria um dia de desespero e de pranto (5.18a); seria um dia de trevas (5.18b,20) e um dia de destruição (5.19).[208]

Em sexto lugar, *uma passagem perturbadora* (5.17). Qual a causa desse desatino e desespero (5.16,17a)? Qual a razão desse juízo inescapável (5.18,19)? Qual o motivo dessas trevas espessas (5.20)? A passagem de Deus pelo meio do povo (5.17b)! Eles que presumiam que Deus estava com eles, na verdade não conheciam ao Senhor. Quando Deus passa no meio deles com toda Sua majestade e glória, eles se desconcertam e se perturbam. Crabtree diz que normalmente não havia nada mais desejável do que uma visita do Senhor ao Seu próprio povo. Mas o Senhor passaria pelo meio de Israel como o Deus da justiça. Parece uma alusão à passagem do Senhor pelo Egito quando matou os primogênitos das famílias egípcias (Êx 11.4; 12.12). Naquela ocasião, o Senhor passou por cima das casas de Israel e poupou seus filhos. No entanto, nessa ocasião, o motivo do Senhor, na passagem pela terra de Israel, é o de punir a injustiça do povo.[209] No Egito, o castigo foi infligido de forma miraculosa; em Israel será pela mão dos assírios, diz Feinberg.[210]

As implicações de estar com Deus e andar com Ele

Destacamos dois pontos:

Em primeiro lugar, *a necessidade imperativa de fazer o bem* (5.14). Ninguém pode pressupor que Deus está com ele, se não pratica o bem. Deus é o sumo bem. Deus é bom. Não há Nele treva nenhuma. Quem anda com Deus precisa refletir Seu caráter. Amós destaca quatro verdades importantes:

Primeira, a busca do bem tem dois aspectos distintos. É tanto um buscar quanto um abster. É tanto um amar quanto um aborrecer (5.14,15). A ética cristã tem dois lados claros: abominar o mal e amar o bem. Não basta apenas fazer o bem, é preciso odiar o mal. Não é suficiente indignar-se com as coisas erradas, é preciso fazer o bem. Para amar o bem é absolutamente necessária uma mudança radical no modo de pensar, sentir e viver.[211] A aversão é tão necessária quanto a afeição. Nós temos alguma coisa para odiar e alguma coisa para amar. Nossa simpatia e antipatia precisavam ter a mesma intensidade. Nós não podemos amar a Deus sem odiar o mal.[212] Como o bom médico que não trata os sintomas, porém as causas, que procura não apenas aliviar a dor, mas remover a causa, assim Amós não trata apenas os sintomas do pecado, mas chega até suas raízes.[213]

Segunda, na prática do bem, a ação precede a emoção (5.14,15). Amós coloca a ação antes da emoção. O fazer vem antes do sentir. O cristão faz o bem não apenas porque deseja, mas porque é o certo. O certo tem de ser feito porque é certo, e não apenas porque provoca em nós gostosas emoções. Vivemos pela fé na verdade, e não movidos pelos sentimentos.

Terceira, a prática do bem implica mudança do tecido social (5.15). Preocupar-se com o juízo à porta é abraçar a ética social que vê o semelhante como objeto do amor, e não da exploração. É parar de explorar o pobre. É parar de subornar os juízes. É parar de comprar sentenças. É parar de oprimir os fracos. É deixar de viver nababescamente, entesourando riquezas mal adquiridas em seus castelos. A palavra juízo aqui significa a justiça humana que se distingue da justiça que vem de Deus. Os juízes de Israel ficaram encarregados de julgar retamente. A palavra hebraica significa o padrão divino da justiça que os juízes tinham a obrigação de observar em todas as suas decisões. Mas a corrupção prevalecia nos tribunais públicos que funcionavam na porta, e não havia mais eqüidade na administração da justiça.[214]

Quarta, a prática do bem produz vida verdadeira (5.14). A obediência produz vida, e a desobediência, morte. O caminho da santidade é o caminho da vida. A felicidade não é um lugar aonde se chega, mas certo jeito de caminhar. Buscar a Deus (5.4) e buscar o bem (5.14) são a mesma coisa, e ambos levam à vida plena. Quando andamos com Deus, praticamos o bem e, quando o fazemos, encontramos a vida.

Em segundo lugar, *mesmo quando Deus exerce o Seu juízo, jamais deixa de ser gracioso* (5.15). Amós chamou o povo de "resto de José" (5.15). José foi o homem em quem a promessa de Berseba se realizou, mesmo quando as circunstâncias eram totalmente desfavoráveis. Nas situações mais amargas, Deus era com José. Quando ele foi vendido como escravo, o Senhor era com José (Gn 39.2); quando as coisas foram de mal a pior e ele foi preso, o Senhor era com José (Gn 39.21) e com o passar dos dias na prisão, o Senhor era com ele (Gn 39.23). Finalmente, quando as esperanças sumiram no horizonte, José foi levado da cadeia para a sala do trono num salto espantoso porque o Faraó olhou e disse: "Poderíamos achar um homem como este, em quem haja o Espírito de Deus?" (Gn 41.38). O Senhor era com ele![215]

Gilgal, herança ou exílio?

À primeira vista, parece que Amós está ensinando a possibilidade da perda da salvação. Contudo, observe que ele fala do remanescente que não foi dizimado (5.3), bem como do resto de José que foi poupado (5.15).

Quando o povo fazia suas peregrinações a Gilgal, ele tinha em sua mente a promessa segura da vitória, a posse da terra, a derrota de seus inimigos e a herança recebida de Deus. Tudo isso era o que representava Gilgal para ele. Contudo, em vez de herança, ele enfrentaria o desterro (5.27). A certeza dele não passava de devaneios, porque a vida dele estava em descompasso com a teologia que professava.

Jesus advertiu que a aparente confiança daqueles que O chamam de Senhor, que profetizam, que expulsavam demônios e até que fazem milagres em Seu nome, mas, ao mesmo tempo, praticam a iniqüidade, serão banidos de Sua presença (Mt 7.22,23). Deus nos salva do pecado, e não no pecado. A única prova de que somos salvos é se somos santos.

Amós diagnostica a religiosidade no templo de Gilgal e alerta sobre alguns pontos importantes:

Em primeiro lugar, *havia muita religiosidade e nenhuma vida* (5.21-23). A vida precede ao culto. Primeiro Deus se agrada de nossa vida, depois Ele aceita nosso culto. A Bíblia diz que Deus agradou-se de Abel e de sua oferta, mas rejeitou a Caim e a sua oferta (Gn 4.4,5). Hofni e Finéias pensaram que a simples presença da arca poderia livrá-los das mãos dos seus adversários. Eles contavam certamente com a presença de Deus entre eles e por eles, mesmo vivendo em pecado. Mas a arca foi roubada, eles foram mortos, trinta mil homens sucumbiram diante do inimigo e a glória de Deus se foi de Israel (1Sm 4.5-22). O profeta Isaías disse que Deus estava cansado do culto que o povo lhe trazia, porque havia iniqüidade associada ao ajuntamento solene (Is 1.11-13). O profeta Malaquias ao ver o povo oferecendo para Deus a sobra e o resto, e não as primícias, chegou a dizer que era melhor fechar a porta do templo do que acender inutilmente o fogo no altar (Ml 1.10). Amós, por sua vez, diz que o povo de Israel ia ao templo de Gilgal e demonstrava uma religiosidade fabulosa: festivais, sacrifícios, ofertas e música em abundância. Ele observava seus ritos religiosos com muita assiduidade (5.21). Ele mantinha os rituais como se tudo estivesse na mais perfeita ordem na relação com Deus e uns com os outros (5.22). O culto dele era alegre e cheio de entusiasmo (5.23). Havia muita música e celebração. Mas tudo isso, não passava de barulho aos ouvidos de Deus, porque o culto era separado da vida.

O apóstolo Paulo fala que o culto que agrada a Deus é o culto racional (Rm 12.2), ou seja, o culto lógico e coerente, em que a liturgia e a vida têm coerência e consistência. Toda a vida é cúltica. Tudo o que fazemos é uma liturgia de celebração ao nome de Deus. Se o culto que oferecemos no templo estiver distante do culto que prestamos a Deus no lar, no trabalho e no lazer, esse culto é desprovido de qualquer significado aos olhos de Deus. Warren Wiersbe diz que não importa o número de "atividades religiosas" de que participarmos; se não amarmos nossos irmãos e nosso próximo, não poderemos verdadeiramente adorar e servir ao Senhor.[216]

Em segundo lugar, *o desgosto de Deus quando o culto tem empolgação e nenhuma transformação* (5.21-23). Amós usa várias expressões fortes para demonstrar o total desgosto de Deus com o culto pomposo, animado e festivo dos israelitas: *Aborreço, desprezo, não me deleito, não me agradarei, nem atentarei, afasta de mim o estrépito, não ouvirei* (5.21-23). J. A. Motyer diz: "A religião deles era zelosa, excessivamente suntuosa, aparentemente sincera, emocionalmente satisfatória; mas a religião, não chegando até Deus, é falha em tudo".[217] George Robinson afirma que Amós ensinou a Israel que a religião significa muito mais que o mero culto, e que não é a fumaça ou o aroma do holocausto o que é aceitável a Deus, mas o incenso de um coração sincero e leal.[218]

Em terceiro lugar, *a prática da justiça deve preceder o ritual religioso* (5.23,24). O povo de Israel falhou quando pensou que o culto com rituais pomposos e a liturgia com músicas animadas substituiriam a prática da justiça e a vida de santidade. Eles iam ao templo, mas a vida não era transformada. Eles cantavam, mas não adoravam. Eles corriam a Gilgal, mas não deixavam correr os ribeiros de justiça e de retidão. Não havia conexão entre a religião e a vida. Eles eram liturgicamente avivados, mas eticamente reprovados. Eles tinham carisma, mas não caráter. Eles cantavam bonito no templo, mas viviam de forma horrenda aos olhos de Deus. Eles diziam amar a Deus, mas oprimiam o próximo. Deus estava cansado do espetáculo de uma religião *show*. Deus odeia a fraude jubilosa que se faz passar por culto divino.[219]

Em quarto lugar, *a retidão de vida e não a abundância de rituais é o que agrada a Deus* (5.24). Justiça e retidão têm mais valor aos olhos de Deus do que rituais religiosos. A prática religiosa sem vida transformada não pode agradar a Deus. Obediência é mais importante do que sacrifício. Ninguém pode provar seu amor por Deus sem amar o próximo. Amós diz que Deus está mais interessado que a justiça prevaleça nas ruas do que as músicas sacras sejam entoadas nos templos. Com respeito à justiça, Amós fala de abundância (corra como águas) e de eternidade (como ribeiro perene). Os ribeiros na Palestina correm impetuosamente no tempo das chuvas, mas, nos períodos da seca, eles ficam fraquinhos, ou sem água alguma. O Senhor pede a justiça constante e perene. A religião sem essas qualidades de retidão e de justiça não é a religião bíblica. A religião bíblica é vigorosa, constante e fiel.[220]

Amós é um reformador. Ele sabia que a religião não pode ter apenas uma relação vertical. Ela passa também pela relação horizontal. Ele quer justiça social entre homem e homem. Toda sua mensagem serve como prelúdio para a definição que Tiago dá da verdadeira religião: "A religião pura e imaculada diante de nosso Deus e Pai é esta: Visitar os órfãos e as viúvas nas suas aflições e guardar-se isento da corrupção do mundo" (Tg 1.27).[221]

Sem ética social e sem a prática da justiça, a religião não tem nenhum valor. Os tempos são outros, mas os pecados ainda são os mesmos. A Igreja evangélica brasileira cresce, mas não tem ética. Ela, dominada pelo ufanismo, sinaliza tomar o Brasil de assalto, mas quanto mais ela cresce, mais o país se corrompe. Os políticos evangélicos, com raras e honrosas exceções, lideram o *ranking* da corrupção. A imprensa brasileira proclama que as três classes mais desacreditadas no Brasil são os políticos, a polícia e os pastores. A Igreja hoje, à semelhança de Israel, mudou a mensagem para agradar a si mesma e perdeu no cipoal de seus muitos rituais os absolutos morais. A Igreja tem pompa e visibilidade, mas não tem transparência e irrepreensibilidade.

Amós deixa claro que Deus procura vida, e não culto. Ele busca adoradores, e não adoração (5.23,24; Jo 4.24). Ele se interessa mais por caráter do que por carisma; Ele se agrada mais da vida do que do desempenho.

É digno observar que, em todos os rituais dos israelitas, um esteve deliberadamente ausente: a oferta pelo pecado. Não havia convicção de pecado neles. Eles não sabiam o que era arrependimento. A relação deles estava errada com Deus e com o próximo. Havia uma grave falha na teologia e na ética deles. Eles desconectaram a doutrina da vida. Eles abandonaram a verdade e se perderam moralmente. A impiedade desemboca na perversão.

Em quinto lugar, *o sincretismo religioso produz exílio e não a posse da herança* (5.25-27). Os israelitas foram exuberantes nos ritos e relaxados na vida. Eles separaram o que Deus uniu e misturaram o que Deus jamais permitiu. Quando a doutrina se corrompe, a vida se deteriora.

Russell Norman Champlin diz que, desde o princípio da nação, sua adoração fora falsamente orientada. Com freqüência, não era para Iavé, mas para o bezerro de ouro, para a lua, para as estrelas, para Moloque e para outros deuses falsos que muitos traziam sacrifícios e ofertas durante os 40 anos de perambulações pelo deserto.[222]

Warren Wiersbe diz que Deus pediu do povo de Israel fé, obediência e amor, mas, no monte Sinai, logo depois de prometerem solenemente servir a Deus, os israelitas adoraram um bezerro de ouro (Êx 32.1-8). Além disso, seus antepassados pecaram oferecendo sacrifícios a falsos deuses (At 7.42,43). Depois que foram introduzidos na terra da promessa, agora já na terceira geração, o povo voltou-se para os ídolos das nações a seu redor (Jz 2.10-15). Deus os disciplinou ao permitir que essas nações escravizassem Israel em sua própria terra. Contudo, de acordo com a mensagem de Amós para o povo, teriam de deixar a terra e ir para o exílio, onde quer que os assírios os enviassem.[223]

Amós revela que a religiosidade de Israel tornara-se sincrética. Eles eram atenciosos até mesmo com as cerimônias religiosas dos outros deuses (5.26). J. A. Motyer descreve esse fato assim:

> Os deuses da Assíria ocupavam os corações de Israel muito antes dos exércitos assírios ocuparem as ruas e as cidades de Israel: Sicute, o deus de guerra assírio, identificado com o planeta Saturno, chamado Quium, estava ali em Israel, cultuado pelo próprio povo que tão assiduamente afluía a Betel, a Berseba e a Gilgal. Que blasfêmia (5.26a) trocar Iavé, Deus onipotente, o soberano (5.16) pelo "rei Sicute". Que loucura adorar uma estrela em lugar do Criador das estrelas (5.26b). Que estupidez exaltar como Deus aqueles "que

fizestes para vós mesmos" (5.26b). Mas lá estava tudo aquilo; o ritual dos santuários, apartado da Palavra de Deus, não podia lhes dar nenhuma garantia de salvação.[224]

Em vez da posse da terra em Gilgal, eles sofreram uma derrota amarga e um desterro humilhante. Eles foram levados cativos para a terra cujos deuses já haviam conquistado seus corações. Feinberg diz que a sentença judicial de Deus contra essa monstruosidade espiritual é o exílio. Todo o reino devia ir para o cativeiro além de Damasco, referência clara à Assíria.[225] Motyer diz: "Deus não viverá infinitamente com o mau cheiro da religião falsa em Suas narinas e com esse barulho em Seus ouvidos".[226]

NOTAS DO CAPÍTULO 7

201 PAPE, Dionísio. *Justiça e esperança para hoje*, p. 44.
202 CRABTREE, R. A. *O livro de Amós*, p. 119.
203 FEINBERG, Charles L. *Os profetas menores*, p. 104.
204 CRABTREE, R. A. *O livro de Amós*, p. 121.
205 CRABTREE, R. A. *O livro de Amós*, p. 122.
206 PAPE, Dionísio. *Justiça e esperança para hoje*, p. 44.
207 PAPE, Dionísio. *Justiça e esperança para hoje*, p. 45.
208 WIERSBE, Warren W. *Comentário bíblico expositivo*, vol. 4, p. 449.
209 CRABTREE, R. A. *O livro de Amós*, p. 119,120.
210 FEINBERG, Charles L. *Os profetas menores*, p. 104.
211 CRABTREE, R. A. *O livro de Amós*, p. 117.
212 WOLFENDALE, James. *The preacher's complete homiletic commentary*, vol. 20, p. 287.
213 BOWDEN, Jalmar. *Comentário ao livro de Amós*, p. 89.
214 CRABTREE, R. A. *O livro de Amós*, p. 117.
215 MOTYER, J. A. *O dia do leão*, p. 119.
216 WIERSBE, Warren W. *Comentário bíblico expositivo*, vol. 4, p. 450.
217 MOTYER, J. A. *O dia do leão*, p. 123.
218 ROBINSON, George L. *Los doce profetas menores*. Casa Bautista de Publicaciones, 1984, p. 48.
219 CHAMPLIN, Russell Norman. *O Antigo Testamento interpretado versículo por versículo*, vol. 5, p. 3523.
220 CRABTREE, R. A. *O livro de Amós*, p. 126.
221 ROBINSON, George L. *Los doce profetas menores*, p. 48,49.
222 CHAMPLIN, Russell Norman. *O Antigo Testamento interpretado versículo por versículo*, vol. 5, p. 3523.
223 WIERSBE, Warren W. *Comentário bíblico expositivo*, vol. 4, p. 450.
224 MOTYER, J. A. *O dia do leão*, p. 128,129.
225 FEINBERG, Charles L. *Os profetas menores*, p. 105.
226 MOTYER, J. A. *O dia do leão*, p. 129.

Capítulo 8

As loucuras de uma nação rendida ao pecado
(Am 6.1-14)

O CAPÍTULO 6 DE AMÓS trata da luxúria e da impiedade dos israelitas e do castigo que lhes sobreviria, "passando daqueles que tinham religião sem Deus àqueles que tinham riquezas sem Deus".[227] A religião de Israel se desviara nos dois pontos centrais: teologia e ética. Eles mudaram a doutrina e corromperam a ética. Tornaram-se apóstatas, bandeando para o sincretismo e, por conseguinte, perdendo os valores morais absolutos. Em vez de buscar agradar a Deus, o povo buscava agradar a si mesmo. Em vez de amar a justiça, o povo entregou-se à violência. Agora, Deus anuncia Seu justo juízo à nação.

Em Amós 5.27, o exílio é anunciado. Agora, Amós amplia essa idéia (6.7,14). O dia do Senhor que eles irrefletidamente esperavam (5.18-20) seria o dia mau para a nação de Israel (6.3). À guisa de introdução, destacamos três pontos importantes:

Em primeiro lugar, *o pecado é o opróbrio das nações*. Um povo rendido ao pecado nunca é realmente forte. O pecado traz consigo o DNA da morte. Uma nação que se corrompe internamente torna-se fraca externamente. Uma nação, antes de cair diante dos inimigos, cai primeiro diante de si mesma pela degradação espiritual e corrupção de seus valores morais.

Em segundo lugar, *o pecado na vida do povo de Deus é ainda mais escandaloso*. Quando o povo que deveria ser luz para as nações mergulha em densas trevas e deliberadamente se afasta de Deus e se insurge contra Sua santa Palavra, seu pecado torna-se mais grave, mais hipócrita e mais danoso que o pecado dos pagãos. Mais grave, porque peca contra um maior conhecimento. Mais hipócrita, porque ele exige santidade dos outros, enquanto vive na prática da iniqüidade. E mais danoso, porque, quando o povo de Deus cai, provoca um grande escândalo.

Em terceiro lugar, *o pecado jamais fica sem julgamento*. O juízo começa pela Casa de Deus (1Pe 4.17). A salvação é um chamado para a santidade, e não para a complacência no pecado. Deus nos salva do pecado, e não no pecado. Quanto maior o privilégio, maior a responsabilidade. Quanto mais luz nós temos, mais se exigirá de nós.

Crabtree diz que os pecados de Israel, citados por Amós, são característicos da civilização contemporânea: a opressão dos pobres pelos ricos, o suborno da justiça, o engano dos inocentes, a impureza moral e a hipocrisia religiosa.[228]

Uma liderança acomodada no pecado (6.1-3a)

Destacamos seis pontos importantes aqui:

Em primeiro lugar, *eles estavam confiantes em seus privilégios espirituais* (6.1). Amós denuncia os que viviam à vontade em Sião, estribados numa falsa segurança, pensando que por serem o povo da aliança nenhum mal lhes alcançaria. Transferiram sua confiança em Deus para o templo; de uma pessoa para um rito. Confiaram na religião, e não num relacionamento certo com Deus.

Charles Feinberg diz que os israelitas descansavam numa falsa segurança gerada por um ritual vazio e um culto sem sinceridade que, na sua cegueira, acreditavam satisfazer a Deus. Eles viviam de uma maneira imprudente e descuidada.[229] Eles usaram seus privilégios espirituais para justificarem seus pecados, em vez de resplandecerem como luzeiros no mundo. James Wolfendale diz que se nós negligenciarmos, ou desprezarmos nossa eminente posição, agravaremos nossa culpa e aumentaremos a grandeza de nossa queda.[230]

Em segundo lugar, *eles estavam confiantes em sua inexpugnável posição geográfica* (6.1). A cidade de Jerusalém e a cidade de Samaria foram edificadas sobre montes. Samaria estava fincada no alto de uma montanha, cercada de muros e adornada de muitos castelos. Samaria era uma cidade rica, opulenta e inexpugnável aos olhos humanos. Russell Norman Champlin afirma que a cidade era tão exaltada aos olhos dos israelitas que, em seu orgulho estúpido, eles a chamavam de "a maior cidade da terra".[231] A confiança deles estava em sua posição geográfica e em seu poderio econômico e militar. A natureza dotara a cidade de Samaria com fortificações de tal caráter que, com efeito, o rei da Assíria não pôde tomá-la antes de três anos de cerco (2Rs 17.5,6). Contudo, a segurança do povo de Deus não está no lugar em que vive nem na glória de sua eminente posição. Não devemos colocar nossa confiança nos homens eminentes nem nos altos montes, mas em Deus (Sl 121.1).

Em terceiro lugar, *eles estavam confiantes em sua posição social* (6.1). Os governantes e a classe aristocrática de Samaria eram compostas de homens notáveis, nobres, ricos, encastelados em seus palácios, vivendo no luxo extremo, banqueteando-se gostosamente ao som de suas liras. Viviam rodeados de riquezas mal adquiridas, refestelando-se em suas festas cheias de bebedeira, desfrutando as benesses de sua elevada posição social. Viviam de forma imperturbável, gostosa, sem nenhum constrangimento ou temor.

Warren Wiersbe diz que os homens ilustres do governo de Israel eram da opinião de que a nação estava segura e protegida, e o povo acreditava neles, assim como hoje em dia as pessoas acreditam nos "especialistas" políticos e nas pesquisas de opinião. A falsa confiança que se baseia no conselho de especialistas, em estatísticas e em recursos materiais e que ignora a dimensão espiritual da vida, certamente, conduz à derrota vergonhosa.[232]

Em quarto lugar, *eles estavam confiantes de seus pretensos predicados morais* (6.2). Amós os convida a ir a Calné, cidade edificada à margem oriental do rio Tigre e Hamate, a principal cidade da Síria e observar. Esses povos viviam sem a luz da verdade revelada. Eles não tinham profetas nem sacerdotes que pudessem ensiná-los a lei de Deus. Eles viviam mergulhados em densas trevas espirituais. Por que Amós destaca essas cidades? Sabemos que eram cidades de corrupção espiritual que foram subjugadas pelos inimigos. Calné perdeu cedo a independência e foi anexada ao império assírio. Hamate foi subjugada por Jeroboão II (2Rs 14.25) e depois pela Assíria (2Rs 18.34). Se elas não poderiam rechaçar o inimigo, então como vocês esperam fazê-lo? Se elas sofreram o juízo de Deus por seus caminhos pagãos, como podem Judá e Israel, que são culpadas, escapar a semelhante castigo do Senhor? Em tudo o que havia ao seu redor, o povo de Deus podia ver sinais de advertência no destino das demais nações ímpias (Na 3.8).[233]

Assim, os líderes de Israel se julgavam melhores que seus vizinhos. Eles tinham um alto conceito de si mesmos. Eles aplaudiam a si mesmos e cantavam: "Quão grande és tu", diante do espelho. Warren Wiersbe diz que a presunção é um pecado traiçoeiro, pois se baseia em mentiras, é motivada pelo orgulho e leva a confiar em outra coisa além de Deus (Sf 1.12). Assim como o povo da igreja de Laodicéia, o presunçoso considera-se "rico [...] e [...] enriquecido" (Ap 3.17) e pensa que não precisa de nada.[234]

Em quinto lugar, *eles estavam confiantes de suas conquistas políticas* (6.2). As nações vizinhas não tinham nenhuma vantagem política em relação a Israel. Eles estavam vivendo o seu tempo áureo. Sob a liderança de Jeroboão II, Israel havia alcançado seu apogeu político e econômico. Os limites de seu território tinham chegado ao mesmo nível das gloriosas conquistas de Davi e de Salomão. Os israelitas estavam orgulhosos disso e assaz confiantes. Mas a vanglória dos propagandistas era oca, diz Motyer.[235] Crabtree diz que o argumento de Amós é que Israel está desprezando a sua posição de honra entre as nações pelo repúdio da responsabilidade perante o Senhor de quem tinha recebido as suas bênçãos.

Em sexto lugar, *eles estavam confiantes em seu auto-engano* (6.3). Eles estavam tão ocupados em ver suas glórias que não podiam perceber a chegada de uma grande tempestade. J. A. Motyer diz que eles estavam deliberadamente cegos para a calamidade vindoura (o dia mau) e permissivos à degeneração do Estado num reino de terror.[236] Nos dez anos posteriores à morte de Jeroboão II (746 a.C.), houve dez reis, três deles tomando o poder por meio de golpes políticos. Houve verdadeiras atrocidades políticas naquele tempo (2Rs 15.16).

Eles, porém, não podiam crer numa mensagem alarmista exatamente no tempo em que desfrutavam maior prosperidade econômica e expansão política. Todos os ventos pareciam soprar a favor. Não tinham nenhuma evidência de problema surgindo no horizonte. Pensavam que o dia mau jamais poderia alcançá-los. "O mal não nos alcançará" (9.10) era o lema dos líderes presunçosos. Na verdade, eles acreditavam nisto: "Se há um dia de juízo a caminho, então certamente ainda vai demorar a vir". Eles afastavam de si os julgamentos de Deus a fim de exercerem a violência sobre suas criaturas. O povo não queria acreditar que estava pecando contra Deus, nem que o dia da retribuição estava chegando.[237] James Wolfendale diz que Israel não apenas tentou afastar o dia da retribuição divina, mas multiplicou as causas que o produziram. A violência interna traria a violência externa. Quando nós empurramos Deus para a lateral da vida, estamos convidando a destruição a entrar.[238]

Uma sociedade corrompida pela degradação moral (6.3b-7)

O pecado é o opróbrio das nações. O que derruba um povo, uma nação e um reino não são as forças externas, mas a corrupção interna. Os bárbaros só tomaram o Império Romano porque este já estava podre por dentro. Nos versículos 4 a 6, Amós descreve o namoro deles com os prazeres da vida. Quais eram os pecados de Israel?

Em primeiro lugar, *a violência desumana* (6.3b). Os nobres israelitas não acreditavam no dia mau, mas apressavam sua chegada pela prática cruel da violência contra os pobres. Eles praticavam a violência comprando juízes corruptos, subornando tribunais injustos, oprimindo economicamente os pobres e sufocando a voz dos fracos. Os tribunais eram instrumentos de violência, e não de justiça. Longe de darem provas de arrependimento diante das insistentes advertências divinas, eles se apressavam ainda mais para cometer seus graves pecados aos olhos de Deus.

Em segundo lugar, *o luxo excessivo* (6.4a). Os ricos gostavam de ostentar a suntuosidade de seu modo de viver como prova de sua superioridade, confirmada pelas bênçãos e favores recebidos do Senhor.[239] Amós descreveu seu modo de vida hedonista, sem espaço para as disciplinas da vida espiritual. Viviam em função do prazer, e não para a glória de Deus. Os ricos dormiam em camas de marfim, enquanto o povo dormia em esteiras e passava fome. George Robinson diz que prevaleceu em Israel o amor ao luxo como antes da queda de Roma e o princípio da Revolução Francesa. A religião perdeu toda sua vitalidade, e se menosprezava completamente a moral.[240]

O problema é que essa riqueza ostensiva não tinha sido adquirida com trabalho honesto, mas pela exploração criminosa dos pobres. Os ricos entesouravam em seus castelos bens mal adquiridos. Eles acumulavam riquezas às custas dos pobres. Viver nababescamente, extraindo o pão da boca do pobre, é insulto a Deus.

Em terceiro lugar, *a preguiça extravagante* (6.4b). Os ricos não precisavam mais trabalhar, eles queriam apenas usufruir o dinheiro que haviam tomado injustamente dos pobres. Eles se espreguiçavam em seus leitos em vez de labutar para o desenvolvimento da nação. Eles despendiam suas riquezas em mesas fartas, regadas a muito vinho, usando caros perfumes, ao som de muita música, sempre buscando satisfazer seus desejos egoístas. Não havia no coração deles nenhum patriotismo nem mesmo qualquer sentimento de filantropia. Eles não estavam dispostos a trabalhar nem a produzir; apenas queriam usufruir. O trabalho dignifica o homem, seja qual for sua posição social, porém a preguiça desfibra sua honra.

Em quarto lugar, *a glutonaria imprevidente* (6.4c). Eles comiam os cordeiros do rebanho e os bezerros do cevadouro. A dieta deles era riquíssima. Eles tinham boa variedade de carnes. Eles comiam vitelo, enquanto o povo amargava uma pobreza extrema a ponto de passarem fome. Eles faziam do ventre o seu deus (Fp 3.19). A glutonaria, obra da carne (Gl 5.21), era o centro de suas atenções (4.1; 6.4). Banquetear-se às custas da miséria do pobre, ou de forma indiferente à necessidade do pobre, é colocar os pés na estrada que leva à perdição eterna (Lc 16.19-31).

Em quinto lugar, *a diversão frívola* (6.5). Esses nobres, encastelados em suas grandes e belas casas, dormindo em camas de marfim, viviam para o deleite carnal, em diversões frívolas. Eles entoavam músicas e fabricavam instrumentos não para adorar a Deus como Davi, mas para se divertirem. Davi honrava a Deus com sua música, porém eles desonravam tanto a Deus quanto ao próximo.

C. F. Keil explica o sentido do versículo da seguinte maneira: "Como Davi inventou instrumentos de cordas para honrar o Deus do céu, assim esses príncipes inventaram o método de cantar, com a música instrumental, para o deus deles, a barriga".[241] Música degradante é sinal seguro de incipiente declínio nacional, diz Charles Feinberg.[242] Jalmar

Bowden diz que a expressão "cantais à toa" literalmente significa gargantear ou cantar inutilmente. Assim, as melhores coisas da vida podem ser deturpadas, servindo para prejudicar, em vez de melhorar o indivíduo. Em todos os tempos, os maus pervertem o canto.[243] Lord de Cathan chegou a dizer: "Dê-me os compositores das músicas e baladas da nação, e não me importarei com quem faz as leis".[244]

O profeta Amós denuncia o fútil estilo de vida desses ricos que se esbaldavam em festas elegantes, comendo carneiro e vitela, bebendo vinho em abundância, ouvindo música e usando perfumes caros. Esses luxos não eram coisas inocentes ou inofensivas; ao contrário, eles desviavam a atenção das pessoas dos problemas reais de sua nação.

Em sexto lugar, *a embriaguez profana* (6.6). Os israelitas faziam uso livre e imoderado do vinho, diz Champlin.[245] Eles não apenas tomavam vinho em taças, mas o tomavam em bacias usadas nos rituais religiosos. A palavra hebraica traduzida aqui por *taças* é a mesma usada para bacias.[246] Isso significa que eles bebiam em excesso e ainda profanavam o nome de Deus, ridicularizando, assim os rituais religiosos. As taças regulares eram insuficientes para seus insaciáveis apetites, por isso bebiam vinho em tigelas, ou bacias usadas para fins sacrificiais, nas quais se recolhia o sangue para depois aspergi-lo (Nm 7.13).[247] Bebida e dinheiro ocupam ainda o topo da lista dos pecados que corrompem a nação. Baco e Mamom têm seus templos em todas as cidade e oferendas em todas as ruas, diz James Wolfendale.[248] Esses israelitas gastavam suas riquezas em prazeres e dissoluções, bebendo vinho para silenciar a consciência, banir a reflexão e endurecer o coração.[249]

O culto deles não era para Deus, mas para eles mesmos. Eles faziam seus rituais porque gostavam disso. O culto deles era antropocêntrico. Eles misturavam religião com diversão, pois tudo girava em torno deles mesmos.

Quando as nações dedicam-se exclusivamente a buscar o prazer é um sinal de que o fim está próximo. Belsazar e seus líderes estavam no meio de um banquete suntuoso, quando a cidade da Babilônia foi tomada pelos medos e persas. Os cidadãos de Roma regalavam-se com o "pão e circo" gratuitos, enquanto o império se deteriorava moral e politicamente até que, por fim, caiu nas mãos dos inimigos. Um dos sinais do fim dos tempos é o fato de muitos se tornarem "[...] mais amigos dos deleites do que amigos de Deus" (2Tm 3.4).[250] O Senhor Jesus foi categórico em sua advertência: "Olhai por vós mesmos; não aconteça que os vossos corações se carreguem de glutonaria, de embriaguez, e dos cuidados da vida, e aquele dia vos sobrevenha de improviso como um laço" (Lc 21.34).

Em sétimo lugar, *a indiferença criminosa* (6.6b). Em vez de estarem cobertos de pano de saco e de cinzas por causa da aflição do povo, eles se ungiam com os óleos mais finos, símbolo da alegria. Eles não se afligiam com a ruína de José, ou seja, com a ruína de seus irmãos que viviam na penúria. Conquanto que seus desejos desenfreados fossem satisfeitos, os outros podiam gemer. Eles agiram como os irmãos de José, que comiam e bebiam sem nenhum constrangimento, enquanto José clamava a eles com amargura de alma no fundo de um poço.

O rei Davi tinha a capacidade de se indignar pelo fato de os pecadores abandonarem a lei de Deus (Sl 119.53). Ele também tinha a capacidade de chorar ao ver a indisposição dos homens para obedecerem à lei de Deus (Sl 119.136). Muitos riem quando deveriam chorar (Tg 4.8-10), e outros toleram o pecado, quando deveriam se opor a ele (1Co 5.2).

Em oitavo lugar, *o juízo inevitável* (6.7). O povo de Israel vangloriava-se de sua inquestionável supremacia. Três vezes aparece a palavra "primeiro" ou "principal": principal das nações (6.1), o mais excelente (primeiro) óleo (6.6), em cativeiro entre os primeiros (6.7). Eles eram orgulhosos o tempo todo, e o orgulho seria sua ruína.[251]

O pecado atrai o juízo, como o ímã, o metal. O juízo, embora nem sempre seja imediato, é inevitável. O cálice da ira de Deus encheu-se. Israel fora pesado na balança e achado em falta. Deus colocara o prumo em Seu povo e constatara sua tortuosidade. Era hora do acerto de constas.

Os líderes do povo, aqueles que mais se entregaram ao pecado, agora, serão os primeiros a sofrer o juízo. Os primeiros em preeminência e pecado serão os primeiros contemplados com castigo e cativeiro. Eles semearam ventos e agora colherão tempestade. Eles foram os primeiros na prática de excessos morais, agora serão os primeiros a serem castigados.

As pândegas dos espreguiçadores, ou seja, os ruídos e gritos discordantes dos beberrões ou a galhofa dos que banqueteiam, passarão. Toda a alegria cessará. Todos os instrumentos se emudecerão. Todas as taças de vinho secarão. O prazer cessará; é hora de curtir a dor do cativeiro!

Um povo sob o julgamento de Deus (6.8-11)

Destacamos cinco pontos aqui:

Em primeiro lugar, *o juramento de Deus* (6.8a). Não tendo nada nem ninguém maior do que Ele mesmo para jurar, Deus jura por Si mesmo que repudia o comportamento do Seu povo. Em Amós 4.2, o Senhor jurou pela Sua santidade. O sentido das duas declarações é essencialmente o mesmo. A própria natureza de Deus, em todos os Seus característicos e atributos, é contra todas as formas de injustiça.[252] Adonai-Iavé (O Senhor soberano) expediu Seu decreto de condenação, prestando juramento por Si mesmo, tornando absolutamente certo e inexorável Seu decreto. Ele é capaz de cumprir Seu decreto em todos seus detalhes.[253] O que é que tanto irrita e antagoniza o Senhor? O orgulho humano! E quando o orgulho é atacado, seus castelos e a cidade que constituem sua personificação, também caem, diz Motyer.[254] Deus não tem prazer no mal. Ele não aprova nem faz vistas grossas ao pecado. O sistema corrompido do mundo, com todo o seu *glamour*, entrará em colapso total (Ap 17 e 18).

Em segundo lugar, *o ódio de Deus* (6.8b). Deus abomina o que os homens exaltam. Ele rejeita o que os homens amam. Amós destaca duas coisas importantes aqui:

Primeira, Deus abomina a soberba. Deus resiste ao soberbo. Ele faz guerra contra aqueles que se exaltam. Ele derruba os poderosos de seu trono como desbancou o querubim da guarda e o precipitou no inferno.

Segunda, Deus odeia os lugares de violência. Deus odeia os castelos, símbolo da prepotência, da riqueza mal adquirida, da injustiça social, da opressão do pobre. Deus odeia toda ostentação criminosa.

Em terceiro lugar, *o abandono de Deus* (6.8c). O maior e mais perigoso inimigo não é o diabo, nem o mundo, nem mesmo a carne, mas Deus. Quando Ele está conosco ninguém pode nos resistir (Rm 8.31), porém, se Ele nos abandonar estaremos entregues à mais completa devastação. Quando Deus abandonou Samaria, ela caiu nas mãos da Assíria e foi devastada. Quando Deus entregou Jerusalém, Nabucodonosor tomou os vasos do templo e levou cativo o povo para a Babilônia.

Em quarto lugar, *a mortandade enviada por Deus* (6.9,10). Deus fala de um massacre, de uma chacina, de um holocausto. A mortandade será completa e total (8.10). Serão tantos mortos que não haverá tempo nem mesmo para o sepultamento. Os mortos serão cremados. Este é um quadro vívido do povo de Samaria destruído pela fome ou peste durante o sítio de três anos da cidade.

Em quinto lugar, *a destruição ordenada por Deus* (6.11). Os palácios e grandes casas, motivo de orgulho e segurança dos israelitas, se tornarão montões de escombros e cinzas. Nem mesmo as casas pequenas escaparão. A devastação será geral, atingindo a casa grande e também a pequena. A mão que derribará essas casas é a dos soldados assírios, mas o agente que ordena esse colapso é o Senhor. A Assíria será apenas a vara da ira de Deus para castigar o Seu povo.

Uma nação sem discernimento acerca da sua perigosa condição (6.12-14)

Destacamos quatro fatos:

Em primeiro lugar, *uma impossibilidade absoluta* (6.12a). Amós usa duas figuras acerca de coisas absolutamente impossíveis: um cavalo correr na rocha ou uma junta de bois lavrar a rocha (no hebraico a melhor tradução seria o mar).[255] Isso é totalmente impossível. Impossível é também o pecado ficar sem julgamento. Impossível é também violar a lei moral de Deus e ficar sem punição.

Charles Feinberg diz que há tanta possibilidade de que um cavalo corra na rocha ou uma junta de bois lavre o mar quanto a de que seus atos maus resultem em bênçãos. Como eles podem esperar o favor do Senhor ao mesmo tempo em que cometem atos desagradáveis a Deus? Isso é tão absurdo quanto tentar correr os cavalos sobre rochas.[256]

A. R. Crabtree diz que os escritores do Antigo Testamento não fazem distinção entre as leis físicas e as leis morais do mundo. A corrupção da justiça é tão perigosa e traz desastres tão grandes, quanto o esforço de fazer cavalos correr no precipício, ou o de fazer lavrar o mar com bois, como se fosse a superfície da terra.[257] Jalmar Bowden diz: "Seria tão razoável pensar em cavalos correndo pelo Pão de Açúcar ou em lavrar a Baía da Guanabara com bois, como tornar julgamento em injustiça, ou justiça em veneno".[258]

Em segundo lugar, *uma inversão criminosa* (6.12b). Israel violou a lei moral de Deus e, mesmo assim, pensou que podia escapar das conseqüências. Eles fizeram duas criminosas inversões:

Primeira, transformaram o juízo em veneno. O juízo deve ser fruto de vida, mas porque eles corromperam os tribunais e subornaram os juízes, as sentenças eram veneno, e não fruto de vida.

Segunda, transformaram o fruto da justiça em coisa amarga. Alosna era uma planta muito amarga e também venenosa. Os ricos oprimiam de tal forma os pobres que a vida se tornava para eles um absinto, um fel de amargura, uma coisa insuportável.

Em terceiro lugar, *uma soberba inconseqüente* (6.13). Os israelitas estavam orgulhosos de suas conquistas militares. Eles estavam cheios de soberba e pensavam que seus poderes econômicos e militares os tornariam invencíveis. Mas a soberba é a ante-sala do fracasso. A soberba precede a ruína. A. R. Crabtree diz que aparentemente Amós escolheu essas duas aldeias, entre os muitos lugares conquistados, para fazer um trocadilho dos nomes, "coisa de nada" e "poder imaginário". Os chefes se ufanavam de *nada* e se gabavam do seu *poder imaginário,* mas não eram capazes de oferecer qualquer resistência contra seu destino, já determinado pelas eternas leis da justiça.[259]

Em quarto lugar, *um desterro inevitável* (6.14). Samaria não caiu nas mãos da Assíria; foi Deus quem entregou Samaria às mãos da Assíria. A cidade foi cercada três anos. Dentro dos muros, reinaram a fome e o pavor. A opressão do inimigo foi dolorosa e total, de norte a sul do país. Hamate fica na região norte de Israel e o ribeiro de Arabá na região sul. Assim, "de Hamate até o ribeiro da Arabá" significa que a Assíria destruiria a terra toda, de norte a sul. Quando Amós proferiu essas palavras, a Assíria era nação relativamente fraca. Jeroboão II conseguiu mantê-la afastada, bem como o Egito e a Síria. Todavia, a Assíria se fortaleceu e tornou-se um império mundial, um inimigo expansionista, truculento e ameaçador.

Podemos sintetizar o capítulo 6 em quatro princípios importantes:

Em primeiro lugar, *privilégios implicam responsabilidades* (6.1-3). O povo vivia em cidades importantes e seguras como Jerusalém e Samaria. Israel tinha grande reputação comparada com outros povos menos afortunados. Mas esses privilégios engendraram neles convencimento e soberba, em vez de humildade e testemunho.

Em segundo lugar, *altruísmo deve sempre ter a primazia sobre a autocomplacência* (6.4-7). Em vez de buscarem a glória de Deus e o bem do próximo, buscaram apenas o prazer. A questão se resume no interesse pelo corpo: cama e alimento (6.4), bebida e perfume (6.6) e descobrir novas maneiras de encher o tempo (6.5). Embriagados pelo prazer nem se davam conta de que a nação marchava celeremente para a ruína (6.6b). Enquanto a nação estava à beira da tragédia, a liderança estava na cama, na mesa bem servida ou compondo algumas canções para sua própria diversão. Enquanto o povo chorava, a liderança se divertia.[260]

Em terceiro lugar, *a soberba sempre desemboca em tragédia* (6.8-10). Amós é contundente ao afirmar que Deus se opõe aos soberbos e ninguém pode lutar contra Ele e prevalecer. Deus resiste aos soberbos, enquanto dá graças aos humildes (Tg 4.6). Sempre que alguém, em qualquer tempo ou em qualquer lugar semear a soberba, colherá a tragédia.

Em quarto lugar, *a violação dos princípios morais jamais ficará sem justa retribuição* (6.11-14). Assim como não se pode quebrar as leis da natureza sem sofrer as conseqüências, também não se pode violar as leis morais sem sofrer a justa retribuição. A segurança de Israel não estava no seu poder econômico nem mesmo em suas conquistas políticas, mas em andar retamente com Deus. Um povo sem Deus será sempre vulnerável, pois o pecado é o opróbrio das nações, mas a nação cujo Deus é o Senhor, essa é feliz.

Utilizarei as palavras de J. A. Motyer, extremamente lúcidas, para concluir este capítulo:

> Quando o povo viu Samaria em ruínas em 722 a.C., quando as mães foram despojadas de seus filhos, e os maridos das esposas, quando aumentou o número de órfãos, dos mendigos, dos desabrigados, eles perguntaram: Por quê? Os assírios o fizeram, diziam alguns, estavam certos (6.14). Deus o fez, diziam outros, e também tinham razão (6.8,11). Nossos líderes o fizeram, era a opinião de outros ainda, e eles também estavam certos (6.1-7). A soberba o fez, disse Amós (6.8), e esta foi a avaliação mais realista do inimigo do povo.[261]

Notas do capítulo 8

[227] BOWDEN, Jalmar. *Comentário ao livro de Amós*, p. 98.
[228] CRABTREE, R. A. *O livro de Amós*, p. 129.
[229] FEINBERG, Charles L. *Os profetas menores*, p. 105.
[230] WOLFENDALE, James. *The preacher's complete homiletic commentary*, vol. 20, p. 297.
[231] CHAMPLIN, Russell Norman. *Antigo Testamento interpretado versículo por versículo*, vol. 5, p. 3524.
[232] WIERSBE, Warren W. *Comentário bíblico expositivo*, vol. 4, p. 450.
[233] FEINBERG, Charles L. *Os profetas menores*, p. 106.
[234] WIERSBE, Warren W. *Comentário bíblico expositivo*, vol. 4, p. 451.
[235] MOTYER, J. A. *O dia do leão*, p. 134.
[236] MOTYER, J. A. *O dia do leão*, p. 134.
[237] BOWDEN, Jalmar. *Comentário ao livro de Amós*, p. 99.
[238] WOLFENDALE, James. *The preacher's complete homiletic commentary*, vol. 20, p. 299.
[239] CRABTREE, R. A. *O livro de Amós*, p. 132.
[240] ROBINSON, George L. *Los doce profetas menores*, p. 43.
[241] KEIL, C. F. *Commentary on the Old Testament*, vol. 10, p. 300.
[242] FEINBERG, Charles L. *Os profetas menores*, p. 107.
[243] BOWDEN, Jalmar. *Comentário ao livro de Amós*, p. 100.
[244] WOLFENDALE, James. *The preacher's complete homiletic commentary*, vol. 20, p. 300.
[245] CHAMPLIN, Russell Norman. *O Antigo Testamento interpretado versículo por versículo*, vol. 5, p. 3524.
[246] BOWDEN, Jalmar. *Comentário ao livro de Amós*, p. 101.
[247] FEINBERG, Charles L. *Os profetas menores*, p. 107.
[248] WOLFENDALE, James. *The preacher's complete homiletic commentary*, vol. 20, p. 298.
[249] WOLFENDALE, James. *The preacher's complete homiletic commentary*, vol. 20, p. 299.
[250] WIERSBE, Warren W. *Comentário bíblico expositivo*, vol. 4, p. 451.
[251] MOTYER, J. A. *O dia do leão*, p. 136.
[252] CRABTREE, R. A. *O livro de Amós*, p. 136.
[253] CHAMPLIN, Russell Norman. *O Antigo Testamento interpretado versículo por versículo*, vol. 5, p. 3524.
[254] MOTYER, J. A. *O dia do leão*, p. 136.
[255] BOWDEN, Jalmar. *Comentário ao livro de Amós*, p. 104; CRABTREE, R. A. *O livro de Amós*, p. 139.
[256] FEINBERG, Charles L. *Os profetas menores*, p. 109.
[257] CRABTREE, R. A. *O livro de Amós*, p. 139.
[258] BOWDEN, Jalmar. *Comentário ao livro de Amós*, p. 104.
[259] CRABTREE, R. A. *O livro de Amós*, p. 140.
[260] MOTYER, J. A. *O dia do leão*, p. 138.
[261] MOTYER, J. A. *O dia do leão*, p. 139.

Capítulo 9

A luta do profeta com Deus e com os homens
(Am 7.1-17)

O CAPÍTULO 7 COMEÇA a terceira divisão do livro de Amós: 1) oráculos de juízo contra as nações, capítulos 1 e 2; 2) ameaçadoras profecias contra Israel, capítulos 3 a 6; e 3) uma série de cinco visões de juízo, que conclui com bênção. As quatro primeiras visões possuem, praticamente, a mesma fórmula introdutória: "O Senhor Deus assim me fez ver" (7.1,4,7 e 8.1). A última visão começa com as palavras: "Vi o Senhor" (9.1).

A. R. Crabtree diz que as visões são diferentes no conteúdo. O grupo de quatro simboliza o julgamento do Senhor já executado em parte contra Israel, e em parte o castigo que ainda há de cair sobre a nação. A última visão (9.1-4) proclama a destruição completa do reino de Israel.[262]

Do grupo das quatro visões, as primeiras duas (7.1-6) se distinguem das outras duas (7.7-9) pelo fato de que as primeiras apresentam, em resposta à intercessão do profeta, uma promessa de que o castigo mencionado não seria executado, enquanto, nas outras duas, o Senhor se recusa a modificar a punição, declarando: "Nunca mais passarei por ele". A quinta e última visão representa o destino final de Israel, com sua destruição completa. As primeiras quatro visões constituem um prelúdio para esta. Assim se observa um progresso no sentido das visões.[263]

Nesse capítulo, Amós se apresenta como intercessor e como pregador. Ele se coloca na brecha a favor da nação, mas também anuncia o juízo de Deus à nação. Ele tem ousadia para falar da nação para Deus e de Deus para a nação.

A luta do profeta com Deus (7.1-9)

Antes de ser pregador, Amós é intercessor. Antes de denunciar o pecado do povo, coloca-se na brecha a seu favor. Ele não apenas fala de Deus para o povo, mas do povo para Deus. Não podemos separar pregação de oração. Elias levantou-se diante da nação, porque primeiro se prostrou diante de Deus. Só prevalece em público diante dos homens quem primeiro se humilha em oração diante de Deus. Os apóstolos dedicaram-se à oração e ao ministério da Palavra (At 6.4). Não há poder na pregação se não há oração associada a ela. É mais importante ensinar um indivíduo a orar do que a pregar, porque sem oração a pregação não tem poder. Amós é um intercessor antes de ser um pregador.

Três verdades essenciais são aqui enfatizadas:

Em primeiro lugar, *o juízo de Deus revelado*. O profeta Amós anuncia três solenes juízos de Deus sobre a nação de Israel. O cálice da ira de Deus estava se enchendo, e uma devastação sem precedentes estava para chegar. Veremos quais são esses juízos:

Primeiro, os gafanhotos (7.1,2). A praga dos gafanhotos sempre foi uma calamidade terrível (Dt 28.42; Jl 2.35; Na 3.15-17). O Senhor já havia mandado o gafanhoto para despertar o povo e conduzi-lo ao arrependimento (4.9). A visão que Amós tem sobre os gafanhotos não era apenas de insetos destruidores que atacavam em bandos, trazendo calamidade material, mas eram também agentes de Deus. Amós destaca aqui três fatos:

Deus mesmo é quem forma os gafanhotos (7.1). Deus preparou a aflição. O mal que sucede à cidade é acionado pela própria mão de Deus (3.6). A praga dos gafanhotos é levantada por Deus. Ele mesmo os molda como um oleiro dá forma ao barro. J. A. Motyer diz que foi Deus quem criou os gafanhotos com a presteza e o talento artístico de um oleiro (é o que o verbo *formar* indica).[264] Esses bandos destruidores não surgem apenas como uma epidemia, ou catástrofe natural, eles foram criados por Deus para uma finalidade específica, exercer o juízo divino sobre a nação apóstata. Deus mostra para o Seu povo que a quebra da aliança traz sobre ele a maldição, em vez da bênção. Se o povo guardasse a aliança, nenhuma calamidade material poderia destruí-lo.

Deus corta a fonte de renda do governo (7.1). A erva serôdia devorada pelos gafanhotos era o tributo que o povo pagava ao rei por ocasião da primeira colheita (1Rs 4.7; 18.5), isto é, o imposto do rei, o tributo que devia abastecer os cofres públicos. J. A. Motyer afirma que a referência à "erva serôdia" indica que o rei reclamava as primícias para ele.²⁶⁵ Jalmar Bowden diz que até o tempo do domínio romano na Síria, era costume tirarem os imperadores o que queriam da colheita serôdia, a mais importante. No tempo de Amós, já havia esse costume. Quando se deu essa visão, Jeroboão II, que era um grande guerreiro, e tinha, naturalmente, um exército tão grande que, com seus outros empreendimentos, exigia, uma grande parte da colheita serôdia. Só depois que ele se satisfizesse é que os lavradores podiam aproveitar o resto.²⁶⁶ Deus, agora, estava enviando Seu juízo às economias de um Estado que deliberadamente havia se afastado da verdade e da justiça.

Deus corta a fonte de renda do povo (7.2). Depois que os gafanhotos destruíram a erva serôdia, o tributo do rei, devastaram o restante da colheita, deixando o povo sem nenhum fruto para a sua sobrevivência. Deus não apenas traz a praga dos gafanhotos, mas o faz no tempo determinado por Ele, para cumprir o propósito determinado por Ele. Charles Feinberg diz que, na Palestina, era comum haver duas colheitas por ano. Visto que as primeiras safras eram do rei, o povo dependia da segunda para sua subsistência, e era essa que era ameaçada pela praga do gafanhoto enviada por Deus. O Senhor usa a natureza no exercício do Seu governo moral para efeitos corretivos.²⁶⁷

Segundo, o fogo (7.4). O fogo divino é o instrumento da Sua ira (1.4,7,10,14; 2.2,5). Deus se apresenta como o Juiz que pede o comparecimento de Israel perante o tribunal, para contender com ele (Is 3.15; Jr 2.9; Os 4.1; Mq 6.1). Neste caso, porém, a nação não tem mais defesa, por isso, o profeta só pode pedir o perdão divino e a suspensão do castigo.²⁶⁸ O fogo não é apenas um elemento destruidor, mas um agente do juízo divino. Assim como em Êxodo 3.2 não era necessário combustível para alimentá-lo, aqui em Amós 7.4 não havia o que pudesse apagá-lo, diz Motyer.[269] Amós destaca aqui três coisas:

Deus é quem traz o fogo. Deus chama o fogo, e este o atende. O fogo escuta a voz de Deus para obedecer-Lhe a vontade. Deus chamou Seu povo muitas vezes, mas este não ouviu Sua voz; Deus chama o fogo, e este atende à voz de Seu comando. Em cada ponto, a calamidade é um ato divino, diz Motyer: é Ele que se levanta com a espada (7.9), Ele declara que jamais passará por ele (8.2), que estremecerá a terra e converterá os cânticos em lamentações (8.9,10), que enviará fome de ouvir as palavras do Senhor (8.11), de lá os fará descer (9.2), de lá os buscará (9.3), dará ordem à espada, e ela os matará (9.4).[270]

O fogo é o agente da justiça divina. Deus é o Senhor de todo o universo. Os anjos, os homens, os demônios, os animais e todos os elementos da natureza precisam atender à Sua voz soberana. O fogo vem para exercer a justiça divina. Charles Feinberg afirma: "O fogo a que Amós se refere é, sem dúvida, a seca (4.6-11).[271] Jalmar Bowden, nessa mesma linha de pensamento, afirma que Amós antevê uma seca terrível, na qual o calor do sol secará "o grande abismo" que, para os antigos, ficava embaixo da terra. Depois disso, naturalmente, a terra se secaria, e o fogo consumiria tudo. O fogo serviria como instrumento nas mãos de Deus para castigar o povo.[272] Russell Norman Champlin ainda afirma que esse fogo simboliza o julgamento de Deus pelos raios sem misericórdia do sol. Um verão extraordinariamente quente trouxe a seca e a destruição da terra. Muitos incêndios literais varreram o país, porquanto tudo estava ressecado (Jl 1.19,20). Até os poços e mananciais subterrâneos se secaram

(Gn 7.11; 49.25; Dt 33.13). Os rios e demais cursos de água secaram, e a terra de Israel secou como um osso. A agricultura cessou, e o povo passava fome em massa. A terra foi assim devorada (Dt 32.22).[273]

O fogo traz destruição total. O fogo consumiu o grande abismo e devorava a herança do Senhor. Esse fogo não pôde ser apagado. Ele lambeu com devastação total tudo quanto estava à sua frente. A nação rebelde estava para sofrer uma derrota amarga e irreversível.

Terceiro, o prumo (7.7-9). A terceira visão de Amós tem a ver com o prumo que Deus colocou no meio do Seu povo. Aqui Deus não apenas mostra a visão a Amós, mas é o elemento principal dela. Nessa visão, Amós vê a Deus como Juiz.[274] Israel é provado pelo prumo da justiça.[275] As duas primeiras visões (gafanhotos e fogo) apontam para ameaças às quais o povo não sobreviveria; a prova do prumo, para um teste no qual o povo não passaria.[276] J. A. Motyer é pertinente quando afirma que existem dois elementos distintos nessa descrição do que Amós viu: Primeiro, o muro fora "levantado a prumo", e, segundo, o muro estava sujeito a uma prova de prumo (7.7). Em outras palavras, Israel possuía, desde o começo, aquilo que era necessário a fim de passar na prova que lhe seria feita no final.[277] E o que era necessário para Israel passar nessa prova? O relacionamento pessoal com Deus e o conhecimento de Sua santa Palavra. A lei é a extensão verbal da pessoa e da presença de Deus entre o Seu povo. Deuteronômio 4.7,8 apresenta essas duas verdades em perfeito equilíbrio: "Pois que grande nação há que tenha deuses tão chegados a si como o é a nós o Senhor nosso Deus todas as vezes que o invocamos? E que grande nação há que tenha estatutos e preceitos tão justos como toda esta lei que hoje ponho perante vós?". Motyer sintetiza isso assim: "A auto-revelação do Senhor que fez de Israel o que ela é dentre todas as nações foi cristalizada na lei preceitual, e a característica do povo de Deus veio a ser revelada externamente na sua vida de obediência".[278] Essa figura enseja-nos três lições:

Deus esquadrinha Seu povo (7.8). O prumo é usado para verificar se há falta de retidão num muro ou parede. Ele não corrige a tortuosidade, mas a identifica. Deus sonda Seu povo, põe o prumo nele e constata sua sinuosidade na doutrina, na ética e nos relacionamentos. Deus coloca Seu povo na balança e o acha em falta.

Deus reprova Seu povo (7.8b). Deus não só aferiu a vida de Seu povo, mas constatou sua sinuosidade. O povo desviou-se da doutrina e perverteu-se na conduta. Israel abraçou uma teologia herética e, por isso, corrompeu-se moralmente. Deus alertara o povo que não podia andar com ele, pois não havia mais acordo entre eles (3.3). Agora, Deus afirma categoricamente que jamais passará por ele (7.8b), isto é, para exercer perdão. Aqui não há mais intercessão do profeta, porque a paciência de Deus chegou ao fim. O cálice da ira de Deus está transbordando. Nada pode, agora, deter a catástrofe que se aproxima. Israel, como o muro, está preste a cair. Mais de uma vez, a intercessão do profeta evitara o golpe da mão do Senhor, mas essa hora havia passado.[279]

Deus destrói os pontos nevrálgicos onde o pecado foi promovido (7.9). Os altos de Isaque, ou seja, os bosques onde se adoravam os ídolos; os santuários de Israel, os templos que Jeroboão, filho de Nebate, erigira em Dã e Betel e a casa de Jeroboão seriam assolados. Esses eram lugares onde a graça de Deus era abusada e a lei, negligenciada, diz Motyer.[280] Os centros da religião e do poder político seriam atingidos pelo juízo divino. Tanto a religião quanto a política se afastaram de seu verdadeiro propósito e estavam agora sob o julgamento divino. Amós afirma que tanto a falsa adoração quanto a monarquia ímpia em Israel serão varridas de vez. A. R. Crabtree diz que, nessa visão do prumo, aponta-se claramente a destruição da dinastia de Jeroboão II. A destruição dessa dinastia marcou definitivamente o princípio da queda rápida do reino.[281]

Em segundo lugar, *a intercessão do profeta* (7.2,3,5,6). Warren Wiersbe afirma que Amós fazia parte de um grupo seleto de intercessores que incluía Abraão (Gn 18), Moisés (Êx 32), Samuel (1Sm 12), Elias (1Rs 18) e Paulo (Rm 9.1-3; 10.1,2).[282] James Wolfendale diz que a oração tem geralmente preservado nações, revertido julgamentos e mudado o curso de muitos eventos. Deus não apenas forma calamidades, mas também estabelece um lugar para a oração (2Cr 7.14).[283]

Amós ruge como leão quando fala em nome de Deus, mas se prostra humildemente em oração para falar com Deus. Charles Feinberg diz que só a oração poderia desviar o desastre, e o homem de Deus ora para que o povo seja perdoado.[284] A oração de Amós pode ser analisada da seguinte forma:

Primeiro, é movida por profunda compaixão (7.2). Amós não ergue sua voz a favor do povo porque este tem méritos a reivindicar diante de Deus. Amós não se coloca na brecha, porque a nação está coberta de pano de saco e cinzas como a cidade de Nínive ao ouvir o profeta Jonas. A despeito da rebeldia e da dureza de coração do povo, o profeta ainda o ama e enternecido por grande compaixão roga a Deus por ele.

Segundo, é endereçada a Deus com grande humildade (7.2). O conceito que Amós tem de Israel é diametralmente oposto ao conceito dos nobres de Samaria (6.1). Eles estavam intoxicados pela soberba e cheios de presunção, nutrindo pensamentos soberbos; porém, Amós diz: Senhor ele é pequeno. Amós viu o povo não como nação poderosa, com recursos suficientes para qualquer emergência, mas como nação pobre, fraca, indefesa. Apesar do orgulho, da arrogância e da vida luxuosa, Jacó era pequeno. Os recursos nacionais e as riquezas materiais eram insuficientes para a nação fazer face ao desastre, na decadência moral.[285] J. A Motyer diz que a oração começa por adotar a postura divina, vendo as coisas e as pessoas como ele as vê, focalizando suas necessidades conforme são avaliadas no céu.[286] Warren Wiersbe diz que Amós não suplicou por qualquer uma das promessas divinas da aliança, pois sabia que o povo havia rompido a aliança com Deus e que merecia o castigo.[287]

Terceiro, é feita com notório senso de urgência. Amós acreditava no poder da oração. Ele sabia que Deus podia, pela oração, suspender o castigo. Sua teologia não era determinista. Ele não acreditava no destino cego. Ele sabia que Deus podia reverter aquela situação. Ele compreendia que os céus e a terra estão conectados. Por isso, endereça sua oração a Deus e pede: "Senhor, cessa agora".

Quarto, é fundamentada na misericórdia de Deus. Amós não pede justiça nem reivindica direitos, ele roga por perdão (7.2). A base de sua súplica não está no merecimento humano, mas na misericórdia divina. A expressão: "Peço-te" no hebraico é apenas uma partícula, o equivalente de "por favor".[288] A oração olha para a misericórdia e a onipotência de Deus. As duas palavras intercessórias de Amós foram *perdoa* e *cessa*. Na natureza de Deus existe algo para o que podemos apelar, a misericórdia que perdoa. Com a palavra *cessa,* Amós parte da fraqueza e do desamparo do homem e olha para o Deus onipotente, capaz de suspender o castigo determinado.

Quinto, é vitoriosa em seus resultados (7.3,6). O castigo foi suspenso. Os gafanhotos foram desviados, e o fogo, extinguido. A causa de Amós prevaleceu. A nação foi poupada porque um homem se colocou na brecha (Ez 22.30). Os versículos 2,3,5 e 6 revelam que é por meio da oração que a vontade de Deus opera na terra. A decisão eterna, imutável e infalível de Deus é realizada através da oração. A oração move o coração de Deus, o Legislador de tudo. J. A. Motyer comenta que trezentos anos depois de Amós, Malaquias (4.5) predisse a vinda do precursor do Messias e mais de setecentos anos depois de Amós chegou o momento de cumprir essa promessa, mas a palavra do anjo ao idoso Zacarias não foi "a profecia será cumprida", mas "a tua oração foi ouvida" (Lc 1.13). A oração é um meio pelo qual o Senhor de tudo realiza Suas determinações.[289]

Em terceiro lugar, *o arrependimento de Deus* (7.3,6). Charles Feinberg afirma que muitos perguntam como é possível dizer que Deus se arrependeu (Nm 23.19; Tg 1.17), se Ele é imutável, mas essa é apenas uma figura de linguagem. Devemos lembrar-nos de que Deus sempre opera segundo Sua santidade e justiça infinitas. Quando o pecado se manifesta, Deus deve condená-lo e puni-lo; quando a oração e a graça de Deus operam para prover uma via de escape, então Deus poupa. Em cada caso, Ele opera na mais estrita conformidade com Sua conhecida santidade. Assim, foi em resposta à oração confiante na qual Deus disse que não permitiria que a praga viesse a causar devastação. Só a eternidade revelará de maneira plena quanto, no plano de Deus, tem sido operado por intermédio da oração consistente e perseverante a favor de pessoas e de nações em todo o mundo.[290]

O Senhor é sempre imutável nos Seus eternos propósitos. O arrependimento de Deus é diferente do nosso. Deus não se equivoca nem erra para precisar voltar atrás. Deus é luz, e não há Nele treva nenhuma. O arrependimento de Deus é uma antropopatia, ou seja, atribuir a Deus um sentimento humano. Precisamos examinar algumas coisas:

Primeiro, o arrependimento de Deus nesse caso é a suspensão do juízo. Essa suspensão foi produzida não pelo arrependimento do povo, mas pela intercessão do profeta (7.3,6). Deus poupou o povo de Israel no deserto por causa da intercessão de Moisés (Êx 32.11-14). O profeta Ezequiel proclama as palavras do próprio Deus: "E busquei dentre eles um homem que levantasse o muro, e se pusesse na brecha perante mim por esta terra, para que eu não a destruísse; porém a ninguém achei" (Ez 22.30).

Segundo, o arrependimento de Deus tem a ver com o abrandamento de Sua ira. Deus se apresenta ouvindo a oração e voltando-se da ira para a misericórdia para que, assim, possamos entender alguma coisa do que está envolvido em Seu amor por nós. Como tanto a ira quanto o amor são atributos divinos e como esses atributos não podem estar em conflito, há no amor de Deus aquilo que satisfaz e abranda Sua ira. Foi-nos revelado que é o sangue de Jesus, o grande dom do amor divino, que satisfaz a ira divina (Rm 3.25). De outro lado, quando o Senhor olha para o Seu povo, a misericórdia triunfa sobre a ira.[291] Foi o profeta Habacuque quem em sua oração, pediu: "Senhor, [...] na ira lembra-te da misericórdia" (Hc 3.2).

A luta do profeta com os homens (7.10-17)

J. A. Motyer afirma corretamente que não há serviço prestado a Deus sem oposição, sem perseguição e sem provação. Essa verdade jaz à superfície da história que temos diante dos olhos.[292] Amós atacou o rei mais forte de Israel, o homem mais opulento, o político mais hábil e o diplomata mais experimentado, e isso não lhe ficou barato.

Amós foi provado de três maneiras. A primeira foi a deturpação de suas palavras (7.10,11). A segunda foi a tentação embutida nas palavras de Amazias (7.12), e a terceira veio na forma de uma confrontação com as autoridades (7.13).[293] Destacamos três fatos importantes:

Em primeiro lugar, *uma mensagem de Amazias ao rei* (7.10,11). Estado e religião estavam juntos numa aliança espúria. O sacerdote de Betel era um empregado do rei. Estava não a serviço de Deus, mas a serviço de Jeroboão. Jalmar Bowden diz que o sacerdote, no santuário real, julgava que tinha o dever de promover o culto e de agradar ao rei, custasse o que custasse. Tinha muito interesse no ritual, no culto formal, no seu próprio prestígio e posição, mas não se interessava no bem-estar espiritual e material do povo.[294] Por isso, ficou perturbado com a mensagem de Amós. Tentando intimidá-lo, procurou silenciar sua voz. Nesse intento enviou um relatório ao rei, cometendo dois graves erros:

Primeiro, ele fez uma avaliação mentirosa acerca do profeta (7.10). Amazias torce as palavras de Amós de maneira que pareça uma acusação pessoal contra o rei. Amazias passa uma visão distorcida de Amós, de sua mensagem e de suas motivações. Ele diz que Amós estava conspirando contra o rei, no meio do povo, ou seja, provocando motins, sedição e instabilidade política. Amazias dá a impressão de que Amós chefiava uma revolução contra o rei. A. R. Crabtree diz que a acusação de Amazias é falsa, porque o sacerdote entendeu erradamente a pregação do profeta, e interpretou erradamente seu motivo e a finalidade da sua mensagem.[295] Amazias rejeitou a mensagem de Deus e o homem de Deus. O falso sacerdote omite a base da ameaça, a esperança que o profeta apresenta ao povo no caso de arrependimento (5.4,6) e a própria intercessão do profeta a favor do reino.[296] Os olhos de Amazias estavam cegos para a verdade. Seu coração estava entorpecido para as coisas espirituais. Ele não era um mensageiro de Deus, mas um adulador do rei. Ele fez um juízo errado de Amós e de Deus. Achou que não importava a situação, Deus sempre estaria com eles.

Segundo, ele chegou a uma conclusão equivocada (7.11). Sabendo das pregações candentes de Amós contra a hipocrisia dos sacerdotes (3.14; 4.4,5; 5.5; 5.21,25) que tinham corrompido a religião e trazido a nação ao precipício da ruína, em vez arrepender-se, endureceu seu coração, dizendo que a terra não podia sofrer todas as palavras de Amós.[297] Ele viu a ameaça do cativeiro como uma conspiração política, em vez de acatá-la como um alerta divino. Charles Feinberg diz que a conveniência política em qualquer época desonra e contraria o testemunho da verdade. Veja o caso de Elias (1Rs 18.17), de Jeremias (Jr 37.13-15), de nosso Senhor Jesus (Jo 19.12), dos discípulos (Jo 11.48-50) e de Paulo (At 17.6,7).[298]

Em segundo lugar, *uma mensagem de Amazias ao profeta* (7.12,13). Há quatro atitudes de Amazias que devem ser destacadas aqui:

Primeira, um preconceito identificado (7.12). Amazias chama Amós apenas de *vidente*, uma forma desdenhosa de referir-se às suas visões. Amazias viu Amós apenas como alguém que trazia agouros quanto ao futuro, e não como um profeta, aquele que traz uma mensagem de grande peso moral para a nação. Sua atitude era preconceituosa. Para Amazias, o profeta Amós não passava de um visionário com idéias extravagantes de males imaginários.[299]

Segunda, uma prepotência declarada (7.12b). Amazias, em vez de acatar as palavras de Amós, olhou-o apenas como um membro do reino rival, um estrangeiro intruso que deveria voltar à sua terra se quisesse viver e pregar. Ele tentou igualar Amós a si, um profissional da religião, que fazia de seu sacerdócio um meio de vida. O sacerdote do rei era mercenário e insinua que o profeta de Deus também o é. Amós, porém, não pregava a Palavra para ganhar dinheiro. Ele não era um mercenário nem um interesseiro como Amazias insinuava. Sua motivação não era auferir lucros nem buscar vantagens pessoais. Motyer viu nessas palavras de Amazias a Amós uma estratégia para tentá-lo em três aspectos. Primeiro, ele é tentado a agir em interesse próprio. As palavras hebraicas *vai* e *foge* incluem uma ênfase adicional: "para o teu próprio bem", dando a entender que, em caso contrário, uma coisa desagradável aconteceria. Segundo, ele é tentado a buscar o sucesso para o seu próprio bem: *vai-te [...] foge para a terra de Judá*, dando a entender que uma mensagem de condenação contra Israel encontraria um auditório natural entre os sulistas. Terceiro, ele é tentado pela segurança: *e ali come o teu pão*. Amazias insinua que Amós está mais interessado em ganhar dinheiro do que em ganhar almas.[300]

Terceira, uma ordem descabida (7.13). Amazias não apenas expulsa Amós de Betel, mas também o proíbe de pregar no centro religioso do Reino do Norte. Betel era uma Capela Real e uma Catedral Nacional, onde Amós não podia pregar. Mas Amós não foi o único que teve de enfrentar as autoridades. Não disseram aos apóstolos: "Não vos admoestamos expressamente que não ensinásseis nesse nome? e eis que enchestes Jerusalém dessa vossa doutrina" (At 5.28). Os apóstolos deram uma resposta esplêndida: "Importa antes obedecer a Deus que aos homens" (At 5.29).

Quarta, uma apostasia diagnosticada (7.13b). Amazias declara com todas as letras o concubinato espúrio entre a política e a religião. Betel não era mais a Casa de Deus, mas o santuário do rei. Champlin diz que Jeroboão estabeleceu altares idólatras em Dã e Betel, especialmente para competir com o templo de Jerusalém.[301] Betel, assim, não era mais a casa do Rei dos reis, mas apenas um lugar para a bajulação de um rei ímpio. A religião de Israel era eminentemente humanista. Tinha sua origem no homem e era voltada para o homem. Deus fora excluído da religião em Betel.

Em terceiro lugar, *uma mensagem de Amós a Amazias* (7.14-17). Amós responde às palavras insolentes de Amazias, afirmando sua tríplice autoridade. Primeiro, a autoridade da vocação: "O Senhor me disse: Vai". Segundo, a autoridade da revelação, a posse de uma palavra vinda de Deus para falar: "Vai, profetiza". Terceiro, a autoridade do comissionamento: "Vai [...] ao meu povo Israel".[302]

Há verdades aqui que precisam ser enfatizadas:

Primeira, Amós destaca sua vocação (7.14,15). Amós não é um profeta tradicional. Ele não provém da escola de profetas, onde os jovens recebiam preparo para instruir a nação (1Sm 19.24). Ele não procedia de uma família aristocrata. Ao contrário, era um pastor de ovelhas e um agricultor. Todavia, Deus o tirou dos prados toscos de

Tecoa e o enviou ao centro nevrálgico da nação de Israel para denunciar seus graves pecados. Amós não é um profeta da conveniência. Ele não está atrás de sucesso nem de riqueza. Ele foi chamado por Deus para ser boca de Deus. Sua palavra e sua autoridade não procediam de si mesmo, vinham diretamente de Deus (Gl 1.1; 2Sm 7.8). Amós entende que deve obedecer a Deus antes que ao homem (At 5.29).

Segunda, Amós acentuou o alvo de sua profecia (7.15). Amós não profetiza em Israel por um capricho pessoal nem por uma rivalidade política. Ele profetiza em Israel por obediência ao chamado divino. Israel estava doente de morte, e só esse estrangeiro sabia diagnosticar seus males e indicar o caminho que o conduziria à saúde, diz Bowden.[303] Amós já anunciara a queda da cidade e o exílio do povo. Agora, Amós chega a vaticinar a morte do próprio monarca Jeroboão II. Tudo indica, porém, que o rei pouco se importou com a notícia. Provavelmente, considerou Amós como um desses visionários messiânicos que em cada geração se levanta entre os incautos, arrastando um punhado de adeptos para o seu inevitável fim desastroso. O rei não mandou prender o profeta sedicioso, apenas o mandou embora pela instrumentalidade do capelão de Betel.[304]

Terceira, Amós revela que quem teme a Deus não tem medo dos homens (7.16,17). Nenhum profeta verdadeiro deixa se intimidar por ameaças humanas. Cumpre-lhe ser fiel ao seu chamado. É mais importante ser fiel a Deus do que viver. Como Neemias, Amós podia dizer: "Um homem como eu fugiria?" (Ne 6.11). João Batista preferiu perder a vida que perder sua integridade na pregação. Ele foi degolado, mas mesmo morto, ainda fala! José do

Egito preferiu ir para a prisão, mas ter a consciência livre a adulterar com a mulher de seu patrão e viver como um prisioneiro do pecado. É preferível um ministro morrer de fome a deixar atrofiar-se o seu espírito, como o de Amazias. Jalmar Bowden diz, porém, que sempre há ministros ou sacerdotes que tomam a iniciativa contra qualquer reforma na religião. Sacerdotes romanos chefiaram o movimento contra Lutero. Ministros anglicanos fizeram tudo quanto lhes foi possível contra João Wesley, a ponto de o afastarem de seus púlpitos e o obrigarem a organizar o Metodismo. Ministros metodistas agiram de tal forma para com William Booth, que ele precisou organizar o Exército de Salvação fora da Igreja.[305]

Quarta, Amós em vez de fugir reafirma o juízo de Deus sobre Israel (7.17). Em vez de a arenga de Amazias contra Amós calar a boca do profeta, trouxe o juízo para mais perto. A profecia agora o cita individualmente.[306] O juízo de Deus cai sobre o sacerdote apóstata e sua família. A sentença divina atinge toda a terra de Israel e o povo que vivia longe de Deus, agora vai também para uma terra longínqua em seu amargo desterro. A. R. Crabtree diz que a prostituição de mulheres, a matança de jovens, a repartição das propriedades, e o exílio dos líderes eram práticas comuns dos vitoriosos contra os conquistados. O profeta não diz que a esposa do sacerdote se tornará prostituta voluntariamente, mas que será violada horrivelmente por força, pelos inimigos conquistadores. Os filhos e as filhas de Amazias sofrerão o desastre terrível da guerra. Às vezes, as filhas eram tomadas como esposas para os soldados, mas, na conquista de Israel pelos assírios cruéis, o castigo dos conquistados será excessivamente severo. A terra será medida a cordel e dividida entre os inimigos, de acordo com o costume dos assírios depois do tempo de Tiglate-Pileser (2Rs 17.24; Mq 2.4; Jr 6.12).[307]

Quão solenes são os juízos do Altíssimo! Quão soberbo é o coração humano que não acredita num juízo final para todos, até mesmo para o povo de Deus! Quão presunçoso aquele que pensa que uma profissão de fé, alguma assistência aos cultos, alguma contribuição ocasional aos cofres sacros compensam a falta de pureza moral, de honestidade e de compaixão![308] Charles L. Feinberg, corretamente, afirma que terrível coisa é alguém se colocar contra a verdade divina. Quanto mais o homem tenta silenciá-la, tanto mais alto ela clama.[309]

Podemos concluir este capítulo lembrando as palavras de Warren Wiersbe, quando afirmou que Amazias possuía um cargo elevado, riqueza, autoridade e boa reputação, porém, Amós possuía a Palavra do Senhor. Amazias servia ao rei de Israel e dependia dele para seu sustento, porém Amós servia ao Rei dos reis e não temia o que os homens pudessem lhe fazer. O que conta não é a aprovação da "instituição religiosa", mas sim o chamado e a bênção do Senhor.[310]

Notas do capítulo 9

[262] CRABTREE, R. A. *O livro de Amós*, p. 141,142.
[263] CRABTREE, R. A. *O livro de Amós*, p. 142.
[264] MOTYER, J. A. *O dia do leão*, p. 145.
[265] MOTYER, J. A. *O dia do leão*, p. 145.
[266] BOWDEN, Jalmar. *Comentário ao livro de Amós*, p. 110.
[267] FEINBERG, Charles L. *Os profetas menores*, p. 110.
[268] CRABTREE, R. A. *O livro de Amós*, p. 146.
[269] MOTYER, J. A. *O dia do leão*, p. 146.
[270] MOTYER, J. A. *O dia do leão*, p. 146,147.
[271] FEINBERG, Charles L. *Os profetas menores*, p. 111.
[272] BOWDEN, Jalmar. *Comentário ao livro de Amós*, p. 111.
[273] CHAMPLIN, Russell Norman. *O Antigo Testamento interpretado versículo por versículo*, vol. 5, p. 3526.
[274] BOWDEN, Jalmar. *Comentário ao livro de Amós*, p. 112.
[275] CRABTREE, R. A. *O livro de Amós*, p. 147.
[276] MOTYER, J. A. *O dia do leão*, p. 153.
[277] MOTYER, J. A. *O dia do leão*, p. 154.
[278] MOTYER, J. A. *O dia do leão*, p. 155.
[279] FEINBERG, Charles L. *Os profetas menores*, p. 111.
[280] MOTYER, J. A. *O dia do leão*, p. 158.
[281] CRABTREE, R. A. *O livro de Amós*, p. 149.
[282] WIERSBE, Warren W. *Comentário bíblico expositivo*, vol. 4, p. 454.
[283] WOLFENDALE, James. *The preacher's complete homiletic commentary*, vol. 20, p. 305.
[284] FEINBERG, Charles L. *Os profetas menores*, p. 110.
[285] CRABTREE, R. A. *O livro de Amós*, p. 145.
[286] MOTYER, J. A. *O dia do leão*, p. 148.
[287] WIERSBE, Warren W. *Comentário bíblico expositivo*, vol. 4, p. 454.
[288] CRABTREE, R. A. *O livro de Amós*, p. 145.
[289] MOTYER, J. A. *O dia do leão*, p. 147.
[290] FEINBERG, Charles L. *Os profetas menores*, p. 110,111.
[291] MOTYER, J. A. *O dia do leão*, p. 149.
[292] MOTYER, J. A. *O dia do leão*, p. 162.
[293] MOTYER, J. A. *O dia do leão*, p. 163,164.
[294] BOWDEN, Jalmar. *Comentário ao livro de Amós*, p. 114.
[295] CRABTREE, R. A. *O livro de Amós*, p. 151.
[296] FEINBERG, Charles L. *Os profetas menores*, p. 112.
[297] CRABTREE, R. A. *O livro de Amós*, p. 151.
[298] FEINBERG, Charles L. *Os profetas menores*, p. 112.
[299] CRABTREE, R. A. *O livro de Amós*, p. 153.
[300] MOTYER, J. A. *O dia do leão*, p. 163.
[301] CHAMPLIN, Russell Norman. *O Antigo Testamento interpretado versículo por versículo*, vol. 5, p. 3526.
[302] MOTYER, J. A. *O dia do leão*, p. 164.
[303] BOWDEN, Jalmar. *Comentário ao livro de Amós*, p. 115.
[304] PAPE, Dionísio. *Justiça e esperança para hoje*, p. 48,49.
[305] BOWDEN, Jalmar. *Comentário ao livro de Amós*, p. 115,116.
[306] FEINBERG, Charles L. *Os profetas menores*, p. 113.
[307] CRABTREE, R. A. *O livro de Amós*, p. 156.

[308] PAPE, Dionísio. *Justiça e esperança para hoje,* p. 50.
[309] FEINBERG, Charles L. *Os profetas menores,* p. 113,114.
[310] WIERSBE, Warren W. *Comentário bíblico expositivo,* vol. 4, p. 456.

Capítulo 10

O colapso de uma nação
(Am 8.1-14)

HÁ TRÊS VERDADES QUE queremos destacar à guisa de introdução:

Em primeiro lugar, *quando a religião se une ao Estado, ela perde sua capacidade de transmitir a verdade de Deus*. A religião em Israel tinha perdido sua independência. Estava a serviço do Estado em vez de exercer sua voz profética em nome de Deus, chamando o Estado ao arrependimento. A Igreja é a consciência do Estado. Se a Igreja se une a ele, deixa de falar a ele da parte de Deus. O rei Jeroboão I transformara a religião de Israel num instrumento de interesse político, e todos os outros reis trilharam por esse mesmo caminho.

Em segundo lugar, *quando o Estado busca o seu fortalecimento em detrimento da justiça social ele cava o seu próprio abismo.* Israel estava vivendo o apogeu da sua vida política e econômica. Jeroboão II tinha alcançado suas mais esplêndidas vitórias. A aristocracia vivia em berço de ouro. Os ricos estavam cada mais opulentos. Todavia, enquanto os palácios se enchiam de bens, os pobres amargavam a mais extrema pobreza e miséria. A riqueza da nação ia para os cofres de uma pequena minoria privilegiada enquanto a maioria do povo vivia esmagada pela mais aviltante miséria. O país estava se enriquecendo, mas não com justiça social.

Em terceiro lugar, *quando os ricos granjeiam suas riquezas desonestamente, e o Estado e a religião se calam, a nação está à beira do juízo divino.* A exploração e a injustiça campeavam. Os ricos entesouravam suas riquezas colossais, tomadas dos pobres indefesos. Nenhuma palavra era dada nem qualquer esforço era feito para coibir essa prática nem mesmo para punir os criminosos. A Bíblia diz, entretanto, que toda autoridade é instituída por Deus para promover o bem e coibir o mal (Rm 13.1-7). Quando o governo se cala diante dos desmandos e das injustiças sociais ou se corrompe, fazendo parte de esquemas criminosos para assaltar os indefesos, a nação dá claros sinais de sua decadência moral. Quando a religião cala sua voz e deixa de tocar a trombeta de Deus, denunciando o pecado, quer no palácio quer na choupana, ela mesma se coloca debaixo do juízo divino.

Uma nação madura para o juízo (8.1-3)

Amós prossegue em suas visões. As duas primeiras visões que apontavam para o juízo divino por intermédio dos gafanhotos e do fogo foram suspendidas pela intercessão do profeta. A terceira visão (prumo) alertara para a inevitabilidade do julgamento divino. Contudo, agora, a quarta visão (cestos dos frutos de verão) aponta para a iminência do juízo. A hora chegara. Todas as oportunidades cessaram. Chegara o dia do ajuste, da prestação de contas, da retribuição divina para uma nação que desperdiçara todas as suas chances de arrependimento. Vejamos quatro pontos importantes:

Em primeiro lugar, *Deus mostra uma descrição simbólica da iminência do juízo* (8.1). Deus mostra para Amós um cesto de frutos de verão. Esses frutos estavam maduros, por isso foram colhidos. Esses frutos maduros são um símbolo da nação de Israel que estava madura para o julgamento. Não dava mais para esperar. A hora do juízo chegara. O Reino do Norte chegara ao fim de sua existência como nação. Charles Feinberg diz que a visão do prumo mostrava a certeza do juízo vindouro, mas a visão do cesto de frutos de verão, a proximidade dessa visitação.[311] Chega um momento em que a longanimidade de Deus se esgota (Is 55.6,7) e é decretado o julgamento, diz Warren Wiersbe.[312]

J. A. Motyer destaca um aspecto interessante. A compreensão dos versículos 1 a 3 depende de entendermos um vigoroso jogo de palavras, um trocadilho do hebraico. Em resposta à pergunta do Senhor (8.2), Amós respondeu: *qayis, então o Senhor me disse... qês.* Sonoramente, o efeito dessas duas palavras é idêntico, e a transição de uma para a outra viria com facilidade natural para a mente sutil e receptiva de Amós. Eles vinham à presença de Deus, não simplesmente com frutos maduros, mas como frutos maduros, amadurecidos através de todos os meses e anos de testes morais e espirituais que Deus lhes forneceu (4.6-11) e, agora, é triste dizer, estavam prontos para uma colheita particularmente assustadora.[313]

Em segundo lugar, *Deus mostra que aqueles que tapam os ouvidos à Sua voz, fecham as portas da graça com suas próprias mãos* (8.2). Deus diz para Amós: "Chegou o fim sobre o meu povo Israel" (8.2). Por longos séculos, Deus manifestou a esse povo Seu amor. Libertou-o da escravidão. Sustentou-o no deserto. Livrou-o de seus inimigos. Introduziu-o na Terra Prometida. Fez-lhe promessas grandiosas. Suscitou dentre Seus próprios filhos profetas que lhe anunciaram a verdade. Levantou dentro de suas famílias nazireus, jovens consagrados que mostravam a eles, pela vida, o caminho da santidade. Deus enviou-lhes mensagens aos ouvidos e aos olhos. Mas esse povo rechaçou todas as mensagens e rejeitou todos os privilégios. Tapou seus ouvidos à voz de Deus e se insurgiu contra Sua autoridade. Deus, portanto, entregou Seu povo nas mãos do inimigo. Chegara seu fim. A porta da misericórdia fora fechada.

J. A. Motyer diz que esse súbito desencadear do desastre é enfatizado fortemente por Amós por meio de vívidas ilustrações: cânticos se transformam em uivos (8.3), a terra sólida estremecerá, será agitada e abaixará (8.8), o sol se porá ao meio-dia, e a terra se escurecerá em dia claro (8.9), festas se converterão em luto, cânticos, em lamentações (8.10).[314]

Em terceiro lugar, *Deus mostra que oportunidades perdidas podem jamais ser recuperadas* (8.2). Deus anuncia a Amós: "[...] nunca mais passarei por ele". O tempo da oportunidade acabara. A porta da esperança fora fechada. Quem é exortado muitas vezes e endurece a sua cerviz será quebrado repentinamente, sem que haja cura (Pv 29.1). Para Israel não haveria mais perdão nem restauração. A nação seria levada para o cativeiro sem jamais ser restaurada.

J. A. Motyer descrevendo essa situação diz que se Deus decidir que o período experimental já acabou, que o período de "este ano ainda" (Lc 13.1-8), da última oportunidade da vida, já se esgotou com a chegada da colheita do outono, então o ar se encherá dos gemidos da graça perdida (8.3a) até que a morte que o pecado produz tenha realizado o seu intento (8.3b), e um silêncio ainda mais terrível que os gemidos envolva tudo (8.3c).[315]

Em quarto lugar, *Deus mostra que seu castigo tem conseqüências trágicas* (8.3). Amós destaca três conseqüências desastrosas colhidas por Israel:

Primeira, a alegria superficial se tornará lamentos profundos (8.3a). O povo ia ao templo e entoava cânticos e tocava suas liras e celebrava com intenso júbilo. Mas essa alegria não era inspirada por Deus nem brotava de corações sinceros. Eles cantavam, mas não adoravam a Deus. Eles tinham música em abundância, mas não vida no altar. Eles associavam ajuntamento solene com iniqüidade. Agora, esses cânticos cessarão. A música do templo se transformará em tristeza. Dentro de seus templos não haverá mais o som das liras, mas uivos de dor, de lamento e de profunda tristeza.

Segunda, a pretensa segurança se transformará em tragédia generalizada (8.3b). Eles se sentiam seguros, encastelados na rica e opulenta cidade de Samaria. Achavam que a tragédia jamais poderia chegar nos portões da sua soberba e rica cidade, plantada no topo da montanha. Mas a soberba de Samaria caiu por terra. A cidade foi cercada. O inimigo invadiu seus portões, saqueou suas casas, pilhou seus bens, passou ao fio da espada seus habitantes, e os mortos se multiplicaram em todos os lugares. Os mortos serão tão numerosos que serão lançados em qualquer lugar, e de maneira indiscriminada, e ficarão insepultos, entregues ao completo opróbrio.

Terceira, a vã confiança no braço da carne se converterá em desespero sem nenhum consolo (8.3c). Amazias, o capelão do templo do rei, disse que Israel não poderia sofrer as palavras de Amós (7.10). Ele, tolamente, pensou que os destinos da nação estavam nas mãos do rei Jeroboão II. Sua confiança estava no braço da carne. Ele deixou de olhar para a História na perspectiva de Deus e, quando a tragédia chegou, não houve nem livramento nem qualquer palavra de consolo. A aflição foi tão grande que as palavras se tornaram totalmente inúteis. O silêncio tomou conta de todos!

Uma nação corrompida em seus valores morais (8.4-6)

O pecado é o opróbrio das nações. Antes de uma nação cair nas mãos do inimigo invasor, ela cai pelas suas próprias transgressões. O profeta disse para essa nação: "Volta, ó Israel, para o Senhor teu Deus; porque pela tua iniquidade tens caído" (Os 14.1). Warren Wiersbe diz que Israel havia transgredido a lei de Deus e deixado de viver de acordo com Sua aliança. A primeira tábua da lei referia-se ao relacionamento do povo com Deus, e a segunda, aos relacionamentos de uns com os outros, e Israel havia se rebelado contra todas essas leis. Não amavam a Deus e não amavam a seu próximo (Mt 22.36-40).[316] Quais foram os pecados que levaram essa nação à ruína?

Em primeiro lugar, *a opressão ao pobre, amar mais a injustiça do que a misericórdia* (8.4). A cobiça insaciável levou a classe rica de Israel a praticar crimes horrendos debaixo das barbas do rei, com a ajuda de juízes corruptos, sem nenhuma condenação dos sacerdotes. Os ricos tinham ódio do necessitado e destruíam os miseráveis da terra. Eles tinham uma atitude predatória e insensível para com os homens desamparados (8.4,6). Se pudessem, eles engoliriam os necessitados e os exterminariam (2.6,7). A desumanidade deles provocou a ira de Deus e o colapso da nação, pois quem não exerce misericórdia não pode receber misericórdia. A religião sem o exercício da misericórdia é vã (Tg 1.27). A fé sem as obras é morta (Tg 2.14-17).

Jalmar Bowden diz que é característico de todas as gerações, os ricos, não satisfeitos com o que têm, destruírem os pobres, a fim de apoderar-se do pouco que eles possuem.[317] Russell Norman Champlin diz que o resultado da opressão era eliminar os pobres com morte material e morte física. Os ricos estavam assinando o atestado de óbito social dos pobres.[318]

Em segundo lugar, *o desprezo pelo culto divino, amar mais o lucro do que a Deus* (8.5). O calendário religioso deles era observado apenas aparentemente. Eles não se deleitavam em Deus durante seus cultos, mas maquinavam oportunidades para oprimirem ainda mais os pobres. Eles iam ao templo não para adorar nem para ouvir a voz de Deus. Eles iam ao santuário apenas para cultivar seus planos mesquinhos e avarentos. Os negociantes ficavam impacientes, pois queriam aproveitar todos os dias para roubar os pobres, diz Jalmar Bowden.[319] Nessa mesma linha de pensamento, David Allan Hubbard diz que havia um clima de impaciência com os feriados religiosos, quando todo o comércio era suspenso.[320] Isso prova que o deus deles era o dinheiro, e que eles estavam dispostos a sacrificar os pobres no altar de Mamom, criando mecanismos desonestos para oprimi-los. Charles Feinberg diz que seus espíritos cobiçosos tiravam toda a alegria das festas e dos sábados porque, embora os observassem de maneira superficial, estavam de contínuo pensando no término desses dias sagrados a fim de poderem entregar-se de novo às suas buscas implacáveis de ganhos materiais.³²¹

J. A. Motyer interpreta corretamente esse desprezo dos israelitas pelo culto divino, quando escreve:

> Essas pessoas amavam o lucro mais do que amavam a Deus. Elas eram interessadas em formas religiosas. Seu lugar nunca ficaria vazio no festival da *lua nova*, nem sonhariam em profanar *o sábado* com o comércio, mas, em nenhum momento das festividades, a religião desalojou os negócios, nem o templo substituiu o escritório, nas suas disposições. O dia santo era um dever, mas não um deleite, um dia longe dali, mas não desligado: as preocupações financeiras venciam outros interesses.³²²

Em terceiro lugar, *o comércio fraudulento, amar o lucro mais do que a honestidade* (8.5b,6). Aqueles que transigem em seu relacionamento com Deus também transigem em seu relacionamento com os homens. A teologia errada desemboca numa ética errada. Porque eles amavam mais o lucro do que a Deus, eles também amavam o lucro acima da honestidade. Eles usavam um *efa* adulterado. O efa era uma medida de cerca de 32 litros que os israelitas usavam para medir trigo e outras coisas. O siclo era um peso que se usava para pesar o dinheiro. Assim, os negociantes usavam medidas pequenas para medir as mercadorias que vendiam e pesos grandes para pesar o dinheiro que recebiam dos fregueses.³²³ Dessa forma, eles vendiam menos do que deviam por mais do que deviam.³²⁴ A lei de Deus, porém, condena a desonestidade. Balança enganosa é abominação para Deus. Falsos pesos e falsas medidas são crime contra Deus e contra os homens. O comércio desonesto ofende a Deus e rouba o próximo. A Palavra de Deus é categórica nessa questão da honestidade nas transações comerciais:

> Na tua bolsa, não terás pesos diversos, um grande e um pequeno. Na tua casa, não terás duas sortes de efa, um grande e um pequeno. Terás peso integral e justo, efa integral e justo; para que se prolonguem os teus dias na terra que te dá o Senhor, teu Deus. Porque é abominação ao Senhor teu Deus, todo aquele que pratica tal injustiça.[325]

Os israelitas maquinavam meios de roubar os pobres, vendendo o pior produto, por uma quantidade menor, por um preço maior. David Allan Hubbard diz que a desonestidade dos comerciantes era acentuada pelo fato de o trigo, realmente vendido em quantidades diminuídas, e por preços inflacionados, nem sempre ser realmente trigo, mas às vezes *refugo*, isto é, trigo recolhido do chão ou da eira e, portanto, misturado com materiais estranhos.[326] Assim, eles roubavam os pobres de três formas: na qualidade inferior do produto, na elevação do preço do produto e na quantidade menor do produto. A ordem de Deus, porém, é clara: "Não cometereis injustiça no juízo, nem na vara, nem no peso, nem na medida. Balanças justas, pesos justos, efa justa e justo him tereis. Eu sou o Senhor vosso Deus, que vos tirei da terra do Egito" (Lv 19.35,36).

Em quarto lugar, *tratar as pessoas como coisas, amar mais a si do que ao próximo* (8.6). O esquema econômico injusto em Israel, mancomunado com um poder judiciário sem escrúpulos, facilitou o caminho para os ricos avarentos submeter os pobres à própria escravidão. Por não poderem pagar dívidas irrisórias, esses pobres tornavam-se escravos dos ricos. Depois de saquear-lhes os bens, dominavam seus corpos e roubavam sua liberdade. Os israelitas endinheirados tornavam-se, assim, pior do que as nações pagãs, porque aquelas estavam envolvidas com tráfico humano, vendendo seus inimigos capturados em guerra; mas Israel estava escravizando seus próprios irmãos. Charles Feinberg afirma que toda transação deles era marcada por fraude e desonestidade, e isso reduzia os pobres à escravidão. Por quantia mínima, os necessitados tinham de vender a si próprios. Os ricos não atentavam para o fato de que a Palavra de Deus proibia tais transações (Lv 25.39).

A ganância dos ricos era sem limites. Eles estavam embriagados pelo luxo e pelo conforto. Eles estavam dispostos a fazer qualquer coisa para não perderem esses privilégios de morar em castelos, dormir em camas de marfim, beber vinhos caros, ungir-se com o melhor óleo e escutar as melhores músicas. Eles chegavam a ponto de vender com preço inflacionado aquilo que um comerciante honesto jogava fora, o próprio refugo do trigo, ou seja, aquela parte que caía ao chão, cheia de terra, destinada apenas para os animais.[327]

J. A. Motyer sintetiza essa prática escandalosa dos israelitas, enfatizando três pecados cometidos pelos ricos de Samaria: tirania (8.4), tratar as pessoas como coisas (8.6a) e a exploração (8.6c). Eles tratavam os pobres como uma peça de mercadoria, como um saco de cereal. Eles viam as pessoas como coisas. Eles olhavam para as pessoas e viam coisas; olhavam para os outros e só pensavam em si mesmos, e isso resultava no pecado acima de todos os pecados.[328]

Uma nação sob a condenação do próprio Deus (8.7-10)

O profeta Amós usou quatro retratos para descrever o terror do julgamento sobre Israel: terremoto (8.8), trevas (8.8,), funeral (8.10) e fome (8.11-14).[329] Destaco aqui quatro pontos:

Em primeiro lugar, *o juramento selado anunciando o fim do perdão* (8.7). Deus já havia jurado por Sua santidade que Israel seria levado ao cativeiro na Assíria (4.2). Havia jurado por Si mesmo que abominava a soberba de Jacó e odiava os seus castelos e que abandonaria a cidade e tudo o que havia nela (6.8). Agora, Deus jura pela glória de Jacó que não se esquecerá de todas as suas obras para sempre (8.7). Essa expressão *glória de Jacó* é muito debatida pelos estudiosos. J. L. Mays prefere deixar o assunto indefinido,[330] enquanto E. B. Pusey considera a glória de Jacó como o próprio Iavé.[331] R. S. Cripps defende a tese de que Amós, ao usar a referida expressão, é irônico.[332] Calvino entendia que Deus jurava pelos benefícios que havia conferido ao povo de Israel, e que não permitiria que aquilo que era tão precioso aos Seus olhos fosse profanado.

Em segundo lugar, *a hediondez do castigo descrito* (8.8). Amós lança mão de duas figuras para descrever o ataque dos assírios sobre Israel:

Primeira, será como um terremoto (8.8b). Até a terra estremecerá por causa dos pecados do povo. A invasão assíria será como um abalo sísmico de proporções catastróficas, quando toda a terra se abalará e se encherá de trevas.

Segunda, será como uma inundação (8.8b). Os exércitos truculentos do Norte viriam como uma inundação e como as águas impetuosas de um rio que transbordam e provocam desastres e prejuízos, assim o povo seria arrastado por essas enxurradas, por essas torrentes, e seria esmagado debaixo dessa avalanche.

Em terceiro lugar, *a rapidez que o castigo virá* (8.9). O dia do Senhor não era de luz, mas de trevas (5.18,20). O dia da invasão do inimigo terá menos luz, pois o sol se porá ao meio-dia. Não haverá tempo para escape nem rotas para fuga. Deus não apenas trará o inimigo contra Seu povo, mas preparará o próprio ambiente para que essa invasão seja avassaladora. Assim, Amós demonstra que não só a terra e os céus serão alcançados pelo juízo abrangente, mas todos os habitantes da terra também.

Em quarto lugar, *as conseqüências inevitáveis do castigo divino* (8.10). Amós faz uma descrição vívida e apavorante acerca do castigo que cai sobre a nação rebelde. Destacamos alguns fatos:

Primeiro, Deus é o agente de todo o castigo que vem sobre o povo (8.10). Repetidamente, o profeta afirma que o juízo está vindo não por casualidade nem por fatalidade, mas porque Deus é quem o está trazendo. A tragédia que desaba sobre a nação não pode ser interpretada apenas como a invasão de um império expansionista e sedento de poder, mas como a intervenção divina para disciplinar o Seu próprio povo. Todos os verbos do versículo 10 têm Deus como seu agente: *Tornarei [...]; porei [...]; e farei.* Jalmar Bowden, corretamente, escreve que o versículo 10 descreve, em linguagem vívida, que essas convulsões da natureza fariam o que o conhecimento de seu pecado não fez: levaria o povo a manifestações extremas de tristeza e de medo, não, porém, de arrependimento, pois o fim daquele dia seria "como dia de amarguras".[333]

Segundo, Deus coloca a vida do povo de cabeça para baixo (8.10). Deus converte as festas em luto, e os cânticos em lamentações. O que estava no topo faz uma viagem para baixo. O que era razão de folguedo e de celebração transforma-se em cenário de dor e de choro. O que era razão para júbilo, agora, é motivo de amargos lamentos.

Terceiro, Deus humilha ao pó os que se exaltavam (8.10). Os mesmos que se refestelavam em festas regadas de vinho e se ungiam com o mais excelente dos óleos e se espreguiçavam em suas camas de marfins, nas recâmaras de seus palácios, agora estão cobertos de pano de saco, com calva sobre a cabeça.

Quarto, Deus traz sobre o povo um sofrimento indescritível (8.10). Aqueles que oprimiram os pobres e afligiram os necessitados e tornaram a vida dos seus irmãos um vale de lágrimas, agora estão chorando por causa de uma tragédia tão amarga quanto o luto por um filho único. Esse é o choro que aborta toda esperança, que se esbarra na impossibilidade de continuar sonhando.

Quinto, Deus traz sobre o povo uma dor para a qual não existe consolo (8.10). Amós diz que esse luto não caminha para a fonte da consolação. Não há bálsamo para essa ferida. Não há cura para essa dor. O fim desse luto será como dia de amarguras. É um choro sem consolo. É a última oportunidade perdida.

Charles Feinberg conclui dizendo que as festas de Israel, embora tenham sido sempre ocasiões de grande alegria e regozijo, seriam transformadas em luto e seus cânticos em choro (Os 2.11). Pano de saco sobre todos os lombos (Ez 7.18) e calvície em cada cabeça (Is 3.24; Jr 16.6) são também sinais do mais profundo luto. O luto deles será como o de quem perdeu o único filho, aquele por quem o nome da família devia perpetuar-se. Do mesmo modo como no Egito houve luto em cada casa pelo morto (Êx 12.30), assim existiriam condições semelhantes em Israel sob o pesado juízo do Senhor.[334]

Uma nação que sentiu fome da Palavra tarde demais (8.11-14)

Charles Feinberg comenta que a angústia do povo será exterior e interior, temporal e espiritual. A situação espiritual do povo é retratada em termos de uma fome, não de pão, e de uma sede, não de água. Será fome de ouvir as palavras do Senhor.[335] James Wolfendale diz que aqui o julgamento de Deus chegou ao seu ápice. Quando Deus cessa de falar aos homens por intermédio de Seus Servos e a sua Palavra é removida, então isso é um sinal de que o julgamento está às portas.[336]

Amós faz uma descrição dramática sobre a condição daqueles que viveram a vida toda rejeitando a Palavra de Deus. Haverá um dia em que essas mesmas pessoas procurarão ouvir a Palavra, mas, aí, será tarde demais. Assim aconteceu com Saul. Várias vezes o profeta Samuel o alertou em nome de Deus, mas Saul endureceu seu coração e não quis ouvir a voz de Deus. Passo a passo, o rei rebelde distanciou de Deus. O profeta Samuel morreu, e Deus não falava mais com Saul. Quando este estava no fundo do poço, desesperado, tentou falar com Deus, mas o Senhor já abandonara a vida desse rei (1Sm 28.6).

O Senhor diz à nação que Israel, por desprezar Sua Palavra transmitida por meio dos profetas, deveria conhecer a cessação de toda comunicação profética (Ez 7.26; Mq 3.7). A Palavra do Senhor lhe seria retirada. Essa é a retribuição divina pela oposição à verdade. Quão perversa é a natureza do homem! Quando tem a Palavra de Deus, despreza-a; quando esta lhe é retirada, procura-a em virtude da severidade do castigo.[337] É verdadeiro o ditado: "Aquele que não quer quando pode, quando quiser não poderá". É o que se dará com Israel na hora do juízo divino; buscarão a Palavra do Senhor, mas não a encontrarão.[338] James Wolfendale esclarece esse ponto com estas palavras:

> Quando o evangelho é rejeitado e os ministros são silenciados; quando o templo é profanado por influências mundanas e a adoração religiosa se transforma numa atividade apenas ritualista; Deus remove suas bênçãos, e então, os homens saberão o preço de procurá-las e não encontrá-las.[339]

Amós enfatiza algumas verdades importantes aqui:

Em primeiro lugar, *devemos buscar o Senhor enquanto ele está perto* (8.11,12). Amós fala do futuro a fim de preparar a nação para enfrentá-lo: "Eis que vêm os dias..." (8.11). Ele diz *eis que vêm os dias,* para que o tempo que resta possa ser preenchido para total proveito e para que os perigos alertados não atinjam um povo desabrigado e despreparado.[340] Precisamos viver o presente com a perspectiva do futuro. O apóstolo Paulo diz que é a esperança do futuro que nos dá razão para viver de forma santa no presente (1Co 15.32). J. A. Motyer diz que apenas a perspectiva de algum bem ou mal previsto pode efetivamente orientar o homem no presente. O Senhor nos trata nesse nível e enuncia a graça da advertência: particularmente advertindo que a verdade de Deus pode ser perdida sem remédio, mas que nunca é perdida sem trágicas conseqüências.[341]

O povo de Israel, porém, afastou-se deliberadamente de Deus. Tapou seus ouvidos e endureceu seu coração à proclamação da Palavra de Deus. Por causa de sua desobediência e infidelidade, rejeitou os profetas de Deus e fez pouco caso de suas mensagens. Confiados em sua riqueza e enganados por uma religião falsa, aprofundaram-se nos pecados mais hediondos. Agora, estão em aperto, encurralados pelo inimigo. Nesse tempo eles buscam desesperadamente ouvir a Palavra de Deus, mas é tarde demais!

Em segundo lugar, *o desprezo da Palavra de Deus leva à profunda insatisfação até com as coisas mais vitais da vida* (8.11). A fome da Palavra é maior do que a fome de pão. A alma é superior ao corpo, e conhecimento, amor e verdade são mais necessários do que pão. Nem só de pão viverá o homem. A alma requer alimento. Se a fome e a sede são dolorosas, muito mais dolorosa é a falta de alimento espiritual.[342] Na hora do entrincheiramento do inimigo, as pessoas estão desesperadas não por pão nem por água, elementos básicos e vitais para a sobrevivência, mas estão carentes e necessitadas de ouvir a Palavra de Deus. A fome da Palavra é maior do que a fome de pão. Aquilo que desprezaram a vida toda é agora a maior necessidade. Aquilo em que não tiveram nenhum prazer é agora a única tábua de salvação.

O livro de Rute narra uma dolorosa história de uma família que saiu de Belém, a Casa do Pão, em tempo de fome, à procura de pão. Nessa jornada inglória, eles foram para Moabe e lá encontraram a morte, e não a vida. Buscando a sobrevivência, encontraram a carranca da morte. Buscando salvar a vida, perderam-na. Quando abandonamos a Casa do Pão e buscamos outros caminhos para saciar nossa fome espiritual, em vez de saciar nossa alma, cavamos um buraco de insatisfação dentro de nós. Em vez de encontrarmos a vida, defrontamo-nos com a própria morte.

Warren Wiersbe adverte:

> Como é triste quando há muita religião, mas nenhuma Palavra do Senhor! Isso significa que não há luz alguma nas trevas, alimento para a alma, orientação para tomar decisões nem proteção das mentiras do inimigo. O povo cambalearia de um lado para o outro como bêbados,

sempre na esperança de encontrar comida e bebida para o seu corpo e sustento espiritual para a sua alma.³⁴³

Em terceiro lugar, *o desprezo deliberado da verdade pode levar o homem a uma busca frustrada na hora do aperto* (8.11,12). Amós anteviu a preocupação tardia pela verdade, exatamente como previu um arrependimento tardio (8.10), mas que será de todo ineficiente. O verbo traduzido por *andarão* (8.12) descreve uma espécie de andar cambaleante, trôpego e claudicante, como o andar de um bêbado. J. A. Motyer diz que esse verbo é usado em relação ao andar dos bêbados (Is 28.7), do balanço das árvores ao vento (Is 7.2), dos lábios que tremem agitados (1Sm 1.13). Assim, aqui, aqueles que nem sabem o que estão fazendo, ou que estão "agitados" pelo pânico, vagueiam pela terra tentando descobrir o que antes consideraram tão levianamente. Mas aqueles dias já se foram havia muito, e a verdade, com eles.³⁴⁴

Essas pessoas buscarão não a Palavra, mas o livramento do sofrimento. Elas ainda estão centradas no eu. Assim como Saul, no seu desespero, foi buscar uma palavra de Deus num centro espírita, consultando uma médium, e ali encontrou apenas mais desespero e sua sentença de morte, as pessoas buscarão ouvir uma palavra que lhes acalme a tormenta da alma, que lhes traga algum consolo na dor, que lhes aponte uma pequena luz no fim do túnel da vida, mas não a encontrarão. O propósito principal de Amós foi o de mostrar o desamparo e a falta de rumo do homem sem a verdade revelada de Deus, para mantê-lo firme e sossegado na hora da crise. A Palavra de Deus é nosso alimento espiritual (Mt 4.4; 1Pe 2.2), e não há substituto. Quando o povo de Deus rejeita Sua Palavra, Ele o julga, removendo Sua Palavra, deixando-os ir famintos e iludidos com suas crendices que não satisfazem a alma.[345]

Russell Norman Champlin corretamente afirma: "O arrependimento é sempre popular em tempos de aflição. Nações inteiras buscam arrependimento em tempos de desastres e guerras nacionais, mas raramente há alguma substância real nesse arrependimento".[346] Um fato curioso no versículo 12 é que eles, embora tenham andado de mar a mar e do norte ao oriente, correndo por toda parte, buscando a Palavra do Senhor, Amós não faz nenhuma menção que eles tenham ido ao sul, onde ficava Jerusalém. Possivelmente, Amós esteja denunciando o fato de que havia duzentos anos, o Reino do Norte rompera com Jerusalém, onde a Palavra de Deus era ensinada, e criado um novo estilo de culto em que a verdade de Deus fora misturada com práticas pagãs. Por que, nessa busca eles não se dirigiram também a Jerusalém? Seria orgulho? Assim, eles andaram por toda parte, menos no lugar onde a verdade se encontrava; por toda parte, menos onde o seu orgulho podia ser humilhado. Eles prefeririam permanecer no erro com o orgulho de serem tidos como os que buscam a verdade, em vez de encontrar a verdade às custas de perder o seu orgulho.[347] A Palavra de Deus é inconfundível, porém, em afirmar que aqueles que procuram a Deus com o coração sincero, o encontram e Deus muda a sua sorte (Jr 29.13,14).

Em quarto lugar, *o desprezo da Palavra leva à sucumbência até mesmo dos mais fortes* (8.13). Dentre toda a população são escolhidos os mais fortes e os mais esperançosos – as virgens formosas e os jovens. Mas a esses também faltará toda consolação, uma vez que desmaiarão de sede da Palavra.[348] Nessa fome da verdade, Amós vê a juventude sofrendo de maneira especial. A juventude, com todo o seu vigor, não consegue reconhecer o erro e cai também nas malhas de uma religião mística e idólatra. J. A. Motyer diz que a própria disposição para alguma coisa nova, que é própria da juventude, faz dela presa fácil das charlatanices, dos "ismos", das coqueluches e das fantasias. Assim, os erros de uma geração se tornaram os dogmas da próxima, a verdade está um pouco mais escondida, e a nova geração, um pouco mais afastada da realidade.[349]

Amós diz que os mais belos e os mais fortes sucumbirão de sede (as virgens formosas e os jovens). Por que essas pessoas estavam com sede? Porque só tinham os cultos sem a Palavra, e estes não podiam satisfazer-lhes os anseios mais profundos da alma. Nada, exceto a Palavra de Deus, pode sustentar e dar segurança no tempo e na eternidade. A religião sem a Palavra de Deus produz morte e não vida. É instrumento de fracasso e não veículo de vida.

Em quinto lugar, *o desprezo da Palavra e o envolvimento com uma religião supersticiosa produzem uma situação deplorável* (8.14). O vácuo da busca inglória da Palavra não permanece vazio, diz Motyer, pois os cultos apressam-se ansiosos para enchê-lo, não apenas um, mas muitos, e o povo que não queria a Palavra de Deus experimenta o pobre alimento da religião feita pelos homens.[350] Assim como eles foram débeis em recuperar a verdade, também o foram para reconhecer o erro da falsa religião e resistir a ela. Segundo Charles Feinberg, Amós aponta uma vez mais o motivo das condições previstas nos versículos 11 a 13. Em suma, eles estavam tão associados aos falsos deuses que já não podiam ouvir a Palavra do Deus vivo e verdadeiro. Haviam abandonado ao Senhor e agora Ele os abandonara.[351]

O ídolo de Samaria, o bezerro de ouro do templo de Dã e culto de Berseba não podiam socorrer o povo no dia da sua calamidade. A fé supersticiosa não serve de refúgio no dia da crise. Aqueles que nutriram uma esperança nessas crendices cairão e jamais se levantarão. A queda deles será inevitável e irreversível.

Notas do capítulo 10

[311] FEINBERG, Charles L. *Os profetas menores*, p. 114.
[312] WIERSBE, Warren W. *Comentário bíblico expositivo*, vol. 4, p. 456.
[313] MOTYER, J. A. *O dia do leão*, p. 169,170.
[314] MOTYER, J. A. *O dia do leão*, p. 170
[315] MOTYER, J. A. *O dia do leão*, p. 170.
[316] WIERSBE, Warren W. *Comentário bíblico expositivo*, vol. 4, p. 456.
[317] BOWDEN, Jalmar. *Comentário ao livro de Amós*, p. 120.
[318] CHAMPLIN, Russell Norman. *O Antigo Testamento interpretado versículo por versículo*, vol. 5, p. 3528.
[319] BOWDEN, Jalmar. *Comentário ao livro de Amós*, p. 120.
[320] HUBBARD, David Allan. *Joel e Amós: introdução e comentário*, p. 247.
[321] FEINBERG, Charles L. *Os profetas menores*, p. 114,115.
[322] MOTYER, J. A. *O dia do leão*, p. 173.
[323] BOWDEN, Jalmar. *Comentário ao livro de Amós*, p. 120.
[324] MOTYER, J. A. *O dia do leão*, p. 173.
[325] Deuteronômio 25.13-16.
[326] HUBBARD, David Allan. *Joel e Amós: introdução e comentário*, p. 247,248.
[327] FEINBERG, Charles L. *Os profetas menores*, p. 115.
[328] MOTYER, J. A. *O dia do leão*, p. 175.
[329] WIERSBE, Warren W. *Comentário bíblico expositivo*, vol. 4, p. 457.
[330] MAYS, J. L. *Amos, a commentary*. SCM Press. 1969.
[331] PUSEY, E. B. *The minor prophets, II*. Funk &Wagnalls, 1906.
[332] CRIPPS, R. S. *A Critical and exegetical commentary on the book of Amos*. SPCK, 1955.
[333] BOWDEN, Jalmar. *Comentário ao livro de Amós*, p. 122.
[334] FEINBERG, Charles L. *Os profetas menores*, p. 116.
[335] FEINBERG, Charles L. *Os profetas menores*, p. 116.
[336] WOLFENDALE, James. *The preacher's complete homiletic commentary*, vol. 20, p. 318.
[337] FEINBERG, Charles L. *Os profetas menores*, p. 116,117.
[338] FEINBERG, Charles L. *Os profetas menores*, p. 117.
[339] WOLFENDALE, James. *The preacher's complete homiletic commentary*, vol. 20, p. 318.
[340] MOTYER, J. A. *O dia do leão*, p. 180.
[341] MOTYER, J. A. *O dia do leão*, p. 180.
[342] WOLFENDALE, James. *The preacher's complete homiletic commentary*, vol. 20, p. 318.
[343] WIERSBE, Warren W. *Comentário bíblico expositivo*, vol. 4, p. 457.
[344] MOTYER, J. A. *O dia do leão*, p. 180,181.
[345] WIERSBE, Warren W. *With the Word*, p. 588.
[346] CHAMPLIN, Russell Norman. *O Antigo Testamento interpretado versículo por versículo*, vol. 5, p. 3529.
[347] MOTYER, J. A. *O dia do leão*, p. 182.
[348] FEINBERG, Charles L. *Os profetas menores*, p. 117.
[349] MOTYER, J. A. *O dia do leão*, p. 182.
[350] MOTYER, J. A. *O dia do leão*, p. 181.
[351] FEINBERG, Charles L. *Os profetas menores*, p. 117.

Capítulo 11

A disciplina e a restauração do povo de Deus
(Am 9.1-15)

À GUISA DE INTRODUÇÃO, destacamos três pontos importantes:

Em primeiro lugar, *o juiz se apresenta para aplicar o juízo*. A última visão de Amós é diferente das demais. Antes Deus lhe mostrara a visão, agora o próprio Deus se apresenta como a visão. O juiz está presente e a hora do julgamento está prestes a começar. Antes havia intercessão e apelo da parte de Amós, "Senhor Deus, perdoa [...], cessa" (7.2,5). Agora, há uma ordem expressa para despedaçar o santuário. Antes houve promessa de suspensão do juízo; mas, agora, há uma descrição detalhada do caráter radical do juízo.[352]

Em segundo lugar, *o juízo começa pela Casa de Deus*. A última visão mostra o templo de Betel sendo destruído de cima para baixo. Amós vê o povo reunido no santuário, e o Senhor ordenando a destruição do edifício, de forma que ninguém escape com vida. O próprio Deus faz desmoronar o símbolo da religião sincrética que afastou o povo de Sua presença e, agora, os adoradores enganados perecerão e serão sepultados debaixo dos escombros do próprio símbolo de sua falsa confiança.

Amós descreve a ira de Deus contra toda a adoração idólatra de Israel e Seu juízo sumário contra ela, um juízo para o qual não há remédio nem possibilidade de escape.[353] Warren Wiersbe diz que o altar, o lugar onde o Senhor estava, era um lugar de sacrifício e de expiação, mas Deus se recusava a aceitar os sacrifícios e a perdoar os pecados desse povo (5.21-23). A religião postiça dos israelitas, conduzida por sacerdotes ilegítimos, era uma abominação para o Senhor, e Ele a destruiria.[354]

O desmoronamento dramático do santuário, de alto a baixo, é a conseqüência necessária da influência corruptora dos santuários que desencaminhavam os israelitas (2.8; 4.4,5; 5.4,21-26; 8.14) e também, o cumprimento das profecias implícitas (5.6) e explícitas (7.9).[355]

Em terceiro lugar, *o juízo divino desmascara a imitação da falsa religião*. O Reino do Norte não se afastou apenas politicamente do Reino do Sul, mas também e, sobretudo, afastou-se espiritualmente. O rei Jeroboão I estabeleceu uma nova religião, com uma nova teologia, com novos sacerdotes e novos rituais para impedir seus súditos de adorarem em Jerusalém. Seu pecado, seguido pelos reis que o sucederam, foi usar a religião para os interesses da política.

Jeroboão I, de uma forma fajuta, tentou imitar os rituais do templo de Jerusalém e planejou uma festa realizada no quinto dia do oitavo mês, igual à festa que se fazia em Judá (1Rs 12.32), colocando-se ele mesmo junto ao altar para oficiar. J. A. Motyer diz que a coisa toda era uma imitação: uma festa de imitação, sobre um altar de imitação para apoiar uma monarquia de imitação.[356]

Ascende ao trono, agora, o grande monarca Jeroboão II e, na última visão do profeta Amós, este tem uma visão não do rei no altar, mas do Rei dos reis em pé junto ao altar (9.1). A imitação é substituída pelo real, o humano pelo divino, o rei que procurava apoiar sua dinastia pelo Rei que viera para derrubá-la. O dia da imitação se acabara. O edifício recebe grandes golpes de cima para baixo até que todo ele se desmorona sobre a cabeça dos seus ocupantes. Muitos deles fogem da ruína, mas nenhum escapa (9.1b).[357] Nessa mesma linha de pensamento, James Wolfendale escreve:

> Deus se levanta sobre o altar e destrói o templo idólatra. Ele está pronto para afastar-se deles e puni-los por causa de sua apostasia. Deus abandonou Seu povo porque o Seu povo o abandonou. Antes, porém, de afastar-se deles, Deus os advertiu. Porém, a idolatria obstinada do povo provocou a Deus e transformou o lugar de sacrifício no trono da vingança.[358]

O Deus que julga de forma inescapável o Seu povo (9.1-6)

Destacamos dois pontos importantes aqui:

Em primeiro lugar, *o juízo de Deus é inescapável por causa de Sua onipresença* (9.1-4). Ninguém pode se esconder de Deus. Ele está em toda a parte. O Salmo 139 retrata de forma singular o atributo da onipresença de Deus (Sl 139.1-6). No livro de Apocalipse, quando o apóstolo João descreve a cena do juízo divino, os ímpios tentam se esconder de

Deus, mas não conseguem (Ap 6.12-17). Adão procurou se esconder de Deus entre as árvores do Jardim do Éden, mas Deus o encontrou. O profeta Amós fala sobre a total impossibilidade de escapar do julgamento do Deus Todo-poderoso e de fugir da Sua justiça.

Primeiro, não há refúgio sobrenatural (9.2). Isso, porque os homens não conseguirão se esconder de Deus no *Sheol*, o lugar dos mortos, nem no *céu,* a habitação de Deus. A onipresença de Deus é uma verdade consoladora e sustentadora para os bons, mas um terror para os maus quando o juízo está à vista.[359] A menção à escalada até o céu mostra como a linguagem de Amós é hipotética e hiperbólica. Se os israelitas fugitivos conseguissem fazer o impossível – ascender ao domínio celeste, o lar do sol, das estrelas e dos planetas – Deus, que fez as Plêiades e o Órion (5.8), estaria lá, a fim de arrastá-los de volta à terra, para o juízo que merecem.[360] Se eles descessem ao *Sheol,* ainda assim, a mão de Deus os alcançaria. Nem mesmo o túmulo é tão terrível quanto Deus, quando Ele se levanta para julgar.

Segundo, não há refúgio natural (9.3). Os homens não conseguirão fugir de Deus no cume do Carmelo nem no fundo do mar. Do mesmo modo que o grande peixe obedeceu quando o Senhor lhe ordenou que tragasse a Jonas, assim a serpente marinha fará por ordem do Senhor com relação aos pecadores em Israel.[361] O Carmelo que se ergue a seiscentos metros acima do nível do mar, defronte ao mar Mediterrâneo, estava coberto por uma floresta densa e cheia de cavernas, grutas e túmulos que podiam abrigar um exército, de forma que era notável como esconderijo.[362] O Carmelo com suas cavernas e túmulos oferecia amplas opções de esconderijo, bem protegidos contra grupos de busca humanos, mas não contra o Caçador divino.[363]

Terceiro, não há refúgio político (9.4). Depois de perder a cidadania e a liberdade, o povo foi desterrado e levado cativo, mas mesmo em terras longínquas, não estariam em segurança, pois a espada de Deus os mataria. David Allan Hubbard, sintetizando esses três pontos acima, diz: "Do *Sheol* ao céu, do fundo do mar ao cume do Carmelo, Sua mão julgadora mantém o controle. E serpentes e espadas apóiam Seu plano".[364]

Em segundo lugar, *o juízo de Deus é inescapável por causa de Sua onipotência* (9.5,6). Para que nenhum de seus ouvintes se console falsamente dizendo que o Senhor não fará, ou não pode fazer, o que ameaçou, Amós manifesta a onipotência de nosso Deus, o Senhor dos Exércitos. Ele é o Deus de todo o poder (4.13; 5.8,9; 8.8).[365] J. A. Motyer diz que esse julgamento desastroso e inevitável é garantido pela própria natureza de Deus. Ele tem poder para fazer o que diz. Deus pode falar com a certeza de que não haverá escape para esse povo em lugar nenhum de Seu universo, porque Ele é o Deus de tudo. Ele tem o domínio absoluto sobre toda a terra em sua essência física (9.5a), sobre os habitantes humanos (9.5b) e sobre a situação em qualquer tempo (9.5c); o celestial (9.6a) e o terreno (9.6b) estão igualmente sujeitos ao Seu uso; e todos os elementos, representados aqui pela água e pela terra (9.6c) são Seus para Ele fazer o que quiser.[366] Enfim, Deus controla os céus, a terra e o mar, e ninguém pode deter a Sua mão.

Uma grave heresia, chamada *Teísmo aberto* tem circulado nos redutos evangélicos, e alguns pastores e líderes brasileiros têm caído nesse engano. Essa doutrina espúria prega que Deus vive os dramas da História, sendo surpreendido por eles como nós o somos. Essa heresia despoja Deus de Sua soberania, onisciência e onipotência e anuncia um deus fraco, pequeno e limitado. A. W. Tozer afirmou corretamente que: "A essência da idolatria é alimentar pensamentos sobre Deus que não são dignos Dele".[367] Na visão do *Teísmo aberto* Deus não sabe nem pode impedir que tragédias e catástrofes naturais aconteçam. Assim, por exemplo, Deus não sabia nem podia impedir o *Tsunami*, pois Ele vive como nós, sendo surpreendido a cada dia pelo que acontece.[368] A mensagem de Amós, porém, revela-nos o Deus soberano. É Ele quem traz as águas do mar e as despeja sobre a terra (9.6). É Deus quem traz a Assíria para disciplinar Seu povo (4.2). Nem mesmo uma folha pode cair sem que Deus saiba e permita. De igual modo, o livro de Apocalipse nos apresenta o Deus onipotente assentado no trono governando o universo. Ele exerce Seu juízo sobre os povos fazendo soar as trombetas, antes de derramar as taças da Sua cólera.

O Deus que governa soberanamente as nações (9.7-10)

Os versículos 1 a 6 são a chave hermenêutica para o entendimento dos versículos 7 a 10. O juízo de Deus cai sobre aqueles que estavam vivendo num mundo espiritual de fantasia. J. A. Motyer diz que eles eram negligentes quanto à santidade, rendidos ao pecado e sem nenhuma preocupação com suas conseqüências, imaginando que numa data histórica Deus havia se colocado eternamente em débito para com eles e que podiam contar com a cooperação de Deus sem considerações sobre o caráter de cada um. Eles viam Deus como uma escora do sistema.[369]

David Allan Hubbard interpreta corretamente quando diz que Deus ensinou duas dolorosas lições a Israel: 1) A soberania e o cuidado divino estendem-se para além de suas fronteiras, atingindo povos distantes e hostis; 2) Seu êxodo não continha nenhuma peculiaridade que os protegesse do juízo quando rompessem a aliança. Qualquer vestígio de orgulho nacional, vanglória social ou segurança militar foi lançado para longe pelo interrogador divino.[370] Destacamos três pontos importantes:

Em primeiro lugar, *o governo divino opera em toda a terra* (9.7). Deus é o agente de todo e qualquer acontecimento histórico. Ele não é um deus tribal. Ele não é apenas o Deus de Israel ou o Deus da Igreja, mas o Deus de todo o universo, de todos os povos, Deus cujo amor é ilimitado e cujo cuidado e providência são limitados apenas pela rebeldia e má vontade dos homens.[371] Todos os povos estão sujeitos aos decretos soberanos de Deus, pois Ele é o Senhor de todos os povos e de todos os movimentos da história das nações. Os israelitas estavam iludidos pela idéia de que Deus estava do lado deles sob quaisquer circunstâncias e que só agia na vida deles. Todavia, Amós lhes dirá que o Êxodo, como fato histórico, não contém mais de Deus do que a saída dos filisteus de Caftor (provavelmente outro nome usado para a ilha de Creta)[372], ou dos sírios de Quir, e não produz mais benefícios automáticos do que esses outros acontecimentos divinamente executados.

A. R. Crabtree acentua que Israel precisava aprender que nenhum povo tinha o direito de pensar que era a única nação que podia desfrutar comunhão com o Senhor. O profeta Amós, na declaração de que outros povos além de Israel foram guiados pelo Senhor, é apenas um dos mensageiros divinos, embora o mais antigo dos profetas canônicos, que apresentam o conceito da universalidade do Reino de Deus. Obviamente, nenhum outro povo servirá, por exemplo, como veículo da revelação divina no mesmo sentido como o povo escolhido. Mas outros povos podem desfrutar de plena comunhão com o Senhor, com as mesmas bênçãos e os mesmos benefícios que Israel experimentara, de acordo com sua fidelidade aos princípios da justiça divina.[373]

Em segundo lugar, *o governo divino não faz vistas grossas ao pecado na vida do Seu povo* (9.8a). J. A. Motyer diz que um governo divino dirige todas as coisas (9.8a), e uma providência moral observa tudo e julga tudo. O Senhor não considera um povo à luz do seu passado histórico, mas à luz do seu presente moral. Cada nação encontra-se igualmente sob esse escrutínio moral do Deus santo que tudo vê.[374]

Em terceiro lugar, *o governo divino salva o remanescente segundo a graça* (9.8b-10). O profeta Amós fala sobre três verdades importantes aqui:

Primeira, Deus tem um remanescente da graça que será poupado (9.8b). No julgamento, Deus não destruirá toda a Casa de Jacó, pois sempre haverá um remanescente segundo a graça. Os verdadeiros israelitas não são aqueles que têm sangue judeu, mas os que nasceram de novo. Os verdadeiros filhos de Abraão não são aqueles que nasceram segundo a carne, mas aqueles que nasceram do Espírito (Rm 2.28,29; Gl 3.7; Fp 3.3).

Segunda, Deus usará a peneira para separar o trigo da palha (9.9). Charles Feinberg diz que temos aqui diversos aspectos dignos de observação: Primeiro, o Senhor é o agente motor em todo o joeirar. O ato de peneirar, em segundo lugar, retrata a condição muito desordenada de Israel. Terceiro, o peneiramento entre todas as nações revela a dispersão universal do povo de Deus. A palha e o pó são descartados e se perdem. E por fim, os grãos, o verdadeiro remanescente de Israel, serão preservados e libertados.[375] O crivo, palavra encontrada somente aqui no Antigo Testamento, deve ter sido empregado para fazer uma separação entre as sementes e o refugo que elas se misturaram na hora da debulha.[376] Nessa mesma direção, J. A. Motyer diz que o crivo é um instrumento de discriminação. Tira as impurezas e deixa intacto aquilo que passa no exame. Nenhuma sujeira permanecerá. Não é propósito do crivo salvar os pedregulhos nem a palha, mas lançá-los fora, deixando o trigo limpo. O Senhor tem a intenção de lidar com o Seu povo assim: será sacudido, mas com um propósito: a discriminação e a purificação.[377] Os justos suportarão as provas mais duras e serão preservados, mas os iníquos perecerão. Como nenhum só grão de trigo cairá na terra, quando sacudido no crivo, nenhum pecador escapará. Nessa mesma linha de pensamento escreve Crabtree:

> Quando se sacode o trigo no crivo, a casca e os detritos caem na terra, mas os grãos de trigo ficam no crivo, limpos e separados das coisas que não prestam. O cativeiro, na providência divina, será um processo de sacudir, disciplinar, purificar a nação de Israel. Todos os iníquos, imprestáveis e corruptores, desaparecerão no processo, mas nem um só grão de trigo perecerá. Os bons ficarão no crivo, no exílio, e, em vez de perecer, serão úteis no propósito e no plano do Senhor.[378]

Terceira, Deus não poupará os que deliberadamente desejam viver no pecado (9.10). A morte não virá sobre todos os pecadores, mas apenas sobre aqueles que obstinadamente querem continuar no pecado, zombando de Deus e da iminência do Seu julgamento. J. A. Motyer diz que esses zombadores olham para o passado e não vêem nada que os deixa alarmados, nada em seu passado que desperte um juízo calamitoso da parte de Deus para surpreendê-los. Da mesma forma, olham para o futuro e não encontram motivos de alarme: não há nenhuma calamidade à espera deles. São pecadores, mas não estão conscientes de que o pecado constitui uma ameaça ou que precisa de remédio. São pecadores, mas não pensam na lei de Deus pela qual estão condenados, nem na graça de Deus pela qual podem ser remidos. São complacentes, pecadores descuidados, vivendo num mundo de presunção e de "faz-de-conta".[379]

O verdadeiro povo de Deus, embora ainda continue pecador, não se deleita no pecado nem se acomoda nele; ao contrário, esforça-se para viver em santidade e obediência. O povo de Deus resiste ao pecado e luta contra ele até o sangue. O povo de Deus prefere a morte ao pecado.

O Deus que restaura gloriosamente Seu povo (9.11-15)

Num contraste com a destruição da falsa casa de adoração de Israel, Deus levantará o "tabernáculo" de Davi, garantindo, desse modo, um futuro favorável para o Seu povo.[380] Dessa forma, o profeta Amós conclui sua profecia com uma mensagem de esperança.

Depois de destruir o reino pecador, o Senhor estabelecerá o reino novo, genuíno e fiel. As dez tribos de Israel deixaram de existir como nação, mas havia alguns grãos de trigo, alguns fiéis, que ainda eram herdeiros da promessa. Os grãos de trigo que não pereceram com a palha, purificados pela rigorosa disciplina serão restaurados na realização do propósito do Senhor por intermédio da Casa de Davi.[381]

David Allan Hubbard diz que a transição do versículo 10 para o versículo 11 é a mais abrupta e surpreendente de todo o livro. A espada do juízo cede lugar à pá da reconstrução. O dia de trevas contra o qual Amós advertiu (5.18-20) é substituído por um dia de luz.[382] Jalmar Bowden diz que os últimos cinco versículos do livro formam um epílogo: o sol aparecendo depois da escuridão.[383] J. A. Motyer diz que nesse oráculo de beleza e encanto surpreendentes, Amós lida com os cinco aspectos fundamentais do futuro dia do Senhor: o rei (9.11), as nações (9.12), a terra (9.13), o povo (9.14) e o país (9.15).[384] Examinaremos esses cinco pontos.

Em primeiro lugar, *o rei: a promessa do Rei Messiânico* (9.11). Duas verdades solenes devem ser destacadas aqui:

Primeira, Deus é o único agente da restauração (9.11,14,15). Amós usa vários verbos que apontam para a ação soberana e exclusiva de Deus como o agente da restauração: *tornarei a levantar [...], repararei [...], reedificarei [...], trarei [...], plantarei*. O descendente de Davi se levantará e virá pela palavra e poder de Iavé. Ele cumprirá os propósitos soberanos de Iavé e o fará quando parecer menos provável, quando os próprios súditos do reino de Davi estiverem espalhados entre as demais nações.[385]

Segunda, o Messias Rei é o mediador perfeito (9.11). Na festa dos Tabernáculos, o rei de Israel, indevidamente, tomou o lugar central no altar, agindo como mediador entre o Senhor e o povo (1Rs 12.32). No entanto, o verdadeiro mediador é o Filho de Davi, o rei messiânico, aquele que desceu do céu, se fez carne e tabernaculou-se entre nós (Jo 1.14). A palavra "habitou" traduz o termo grego *eskenosen* que significa literalmente "levantou tenda" ou "levantou tabernáculo". Foi por Jesus que Deus levantou o tabernáculo de Davi e, assim, cumpriu-se a profecia messiânica escrita por Amós.[386] Gerard Van Groningen coloca essa verdade nos seguintes termos:

> Jesus é o Messias da casa de Davi. Sua vinda e Sua obra reedificam e restauram a dinastia de Davi, e Sua missão, na qualidade de Messias, tem uma dimensão universal. Sua obra redentiva, restauradora e dirigente alcança pessoas de todas as gentes e nações. A obra

messiânica, entretanto, implicará mais do que um simples reunir de pessoas de todas e quaisquer nações; ela lhes permitirá herdar o Seu reino na situação de membros da casa messiânica.[387]

Em segundo lugar, *as nações: o fim do muro de separação* (9.12). O projeto de Deus sempre foi alcançar todas as nações (Gn 12.2). Agora, Amós vê as nações envolvidas nos privilégios do reinado do novo Davi (9.12). O muro que separa judeus de gentios é derrubado, a inimizade é destruída e, dos dois povos, Deus faz um só: a Sua gloriosa Igreja (Ef 2.11-22). Três coisas nos chamam a atenção no versículo 12.

Primeira, por que Edom foi destacado? Edom foi usado simbolicamente pelos profetas como uma personificação da hostilidade do mundo para com o Reino de Deus. Isto em virtude de sua atitude desde o início (Nm 20.14) até o fim (Am 1.11). A derrota de Edom, portanto, fala de um fim real e completo de toda a oposição.[388]

Segunda, o que o profeta quis dizer com todas as nações sendo chamadas pelo nome de Deus? Amós revelava o projeto eterno de Deus de comprar aqueles que procedem de toda tribo, língua, povo e nação com o sangue do Seu Filho (Ap 5.9). Os gentios são aproximados e transformados em co-herdeiros, membros do mesmo corpo, da mesma família, co-participantes da promessa em Cristo Jesus por meio do evangelho (Ef 3.6).

Terceira, o que significa o verbo "possuir" no versículo 12? Essa conquista aqui não é pela espada, mas pela Palavra. Não é uma conquista política, mas espiritual. Não se trata de um projeto de conquista militar, mas de expansão missionária. No Concílio de Jerusalém, Tiago usou essa mesma passagem de Amós como justificativa bíblica para a decisão dos gentios serem qualificados para a mesma participação nas coisas do Senhor Jesus (At 15.12-19). Na conquista espiritual promovida pela evangelização, a verdade substitui os enganos da falsa religião; o perdão, a culpa; a paz com Deus, o temor; e o poder, o desamparo.[389]

Em terceiro lugar, *a terra: o fim do cativeiro da corrupção* (9.13). A terra foi amaldiçoada por causa do pecado humano (Gn 3.17). Toda a criação está sujeita ao cativeiro da corrupção e suporta angústias até agora (Rm 8.21,22). Mas o Messias não é apenas o novo Davi que restaurará o tabernáculo caído (9.11), mas também o novo Adão que reinará num Éden restaurado, diz Motyer.[390] A maldição da terra será removida. A abundância que ela produz é descrita em termos hiperbólicos e parecerá que as próprias montanhas e colinas destilam o mosto. A descrição de Amós, porém, não se refere a qualquer tipo de Idade de Ouro puramente materialista. J. A. Motyer corretamente interpreta o texto nestes termos:

> A descrição de Amós significa que as realidades espirituais e morais básicas foram colocadas nos seus devidos lugares. Tudo está bem entre Deus e o homem. Do lado do homem não há mais rebeldia, do lado de Deus houve uma grande reconciliação [...]. A maldição acabou (Gn 3.17,18), e o Éden foi restaurado.[391]

Em quarto lugar, *o povo: o fim das expectativas frustradas* (9.14). Se o versículo 13 fala de abundância, o versículo 14 fala do desfrute dessa abundância. Sob a maldição do pecado, as pessoas tinham expectativas frustradas, ou seja, elas construíam casas, mas não habitavam nelas; plantavam vinhas, mas não bebiam o vinho (5.11). Sob o domínio do pecado, o homem não tem segurança permanente (casas) nem satisfação permanente (vinhas). O pecado causa frustração e desapontamento. Agora, Amós abre as cortinas do futuro e vê o pecado eliminado e o povo desfrutando plenamente, sem frustração, as bênçãos maiúsculas e superlativas da graça de Deus.

Em quinto lugar, *o país: o fim da insegurança* (9.15). Aqueles que viveram inseguros, jogados de um lado para o outro na peneira de Deus, desterrados e exilados, agora estarão plantados firmemente numa Pátria permanente. Não mais desterro, não mais cativeiro, não mais escravidão. Enfim, a chegada ao lar, à Pátria celeste, à posse definitiva e final da herança imarcescível e gloriosa.

Nós que fomos salvos da condenação do pecado na justificação, e somos salvos do poder do pecado na santificação, seremos salvos da presença do pecado na glorificação. Nossa herança é eterna e jamais poderá ser roubada (9.15). Jamais seremos desarraigados da nossa terra, jamais seremos arrancados das mãos de Jesus (Jo 10.28), jamais seremos apartados do amor de Deus que está em Cristo Jesus (Rm 8.38,39). Essa segurança não procede de nós, mas vem de Deus. A garantia da nossa salvação é promessa de Deus e é obra de Deus. Nossa confiança está estribada na palavra bendita do Eterno, aquele que não mente nem pode falhar. Amós começou o seu livro da seguinte forma: *As palavras de Amós* (1.1); e o termina com estas palavras: *diz o Senhor teu Deus* (9.15). Porque Dele, por meio Dele e para Ele são todas as coisas. Amém!

Notas do capítulo 11

352 HUBBARD, David Allan. *Joel e Amós: introdução e comentário*, p. 254.
353 FEINBERG, Charles L. *Os profetas menores*, p. 118.
354 WIERSBE, Warren W. *Comentário bíblico expositivo*, vol. 4, p. 457.
355 HUBBARD, David Allan. *Joel e Amós: introdução e comentário*, p. 255.
356 MOTYER, J. A. *O dia do leão*, p. 188.
357 MOTYER, J. A. *O dia do leão*, p. 188.
358 WOLFENDALE, James. *The preacher's complete homiletic commentary*, vol. 20, p. 322.
359 FEINBERG, Charles L. *Os profetas menores*, p. 118.
360 HUBBARD, David Allan. *Joel e Amós: introdução e comentário*, p. 258.
361 FEINBERG, Charles L. *Os profetas menores*, p. 119.
362 BOWDEN, Jalmar. *Comentário ao livro de Amós*, p. 127.
363 HUBBARD, David Allan. *Joel e Amós: introdução e comentário*, p. 259.
364 HUBBARD, David Allan. *Joel e Amós: introdução e comentário*, p. 255.
365 FEINBERG, Charles L. *Os profetas menores*, p. 119.
366 MOTYER, J. A. *O dia do leão*, p. 189.
367 TOZER, A. W. . *The knowledge of the Holy*. Nova York, NY: Harper and Brothers, 1961, p. 11.
368 PIPER, John, TAYLOR, Justin, HELSETH, Paul K. *Teísmo aberto*. Editora Vida. São Paulo, SP. 2006, p. 113.
369 MOTYER, J. A. *O dia do leão*, p. 190.
370 HUBBARD, David Allan. *Joel e Amós: Introdução e Comentário*, p. 262.
371 BOWDEN, Jalmar. *Comentário ao livro de Amós*, p. 130.
372 BOWDEN, Jalmar. *Comentário ao livro de Amós*, p. 130.
373 CRABTREE, R. A. *O livro de Amós*, p. 174,175.
374 MOTYER, J. A. *O dia do leão*, p. 192.
375 FEINBERG, Charles L. *Os profetas menores*, p. 121.
376 HUBBARD, David Allan. *Joel e Amós: introdução e comentário*, p. 263.
377 MOTYER, J. A. *O dia do leão*, p. 193.
378 CRABTREE, R. A. *O livro de Amós*, p. 177.
379 MOTYER, J. A. *O dia do leão*, p. 193.
380 WIERSBE, Warren W. *Comentário bíblico expositivo*, vol. 4, p. 458.
381 CRABTREE, R. A. *O livro de Amós*, p. 179,180.
382 HUBBARD, David Allan. *Joel e Amós: introdução e comentário*, p. 264.
383 BOWDEN, Jalmar. *Comentário ao livro de Amós*, p. 131.
384 MOTYER, J. A. *O dia do leão*, p. 195.
385 GRONINGEN, Gerard Van. *Revelação messiânica no Velho Testamento*. 1995, p. 432.
386 PAPE, Dionísio. *Justiça e Esperança para Hoje*, p. 51.
387 GRONINGEN, Gerard Van. *Revelação messiânica no Velho Testamento*, p. 433.
388 MOTYER, J. A. *O dia do leão*, p. 198.
389 MOTYER, J. A.*O dia do leão*, p. 199.
390 MOTYER, J. A. *O dia do leão*, p. 199.
391 MOTYER, J. A.*O dia do leão*, p. 200

Sua opinião é importante para nós. Por gentileza, envie seus comentários pelo e-mail editorial@hagnos.com.br

Visite nosso site: www.hagnos.com.br

Esta obra foi impressa na Imprensa da Fé.
São Paulo, Brasil.
Inverno de 2019.